在家必讀內典目次

佛說父母恩難報經一
大方便佛報恩經孝養品二
佛說孛經三
佛說演道俗業經四
中阿含經大品善生經五
十善業道經六
優婆塞戒經受戒品七以上男子必讀
佛說鹿母經八
銀色女經九
玉耶女經十
佛說長者法志妻經十一
佛說七女經十二
佛說月上女經十三
優婆夷淨行法門經十四以上女子必讀
附四十二章經鈔

佛說父母恩難報經

後漢安息國三藏安世高譯

聞如是。一時婆伽婆在舍衛城祇樹給孤獨園。爾時世尊告諸比丘。父母於子有大增益。乳哺長養隨時將育。四大得成。右肩負父左肩負母經歷千年更使便利背上。然無有怨心於父母。此子猶不足報父母恩。若父母無信教令信獲安隱處。無戒與戒。教授獲安隱處。不聞使聞。教授獲安隱處。慳貪教令好施勸樂教授獲安隱處。無智慧教令黠慧勸樂教授獲安隱處。如是信如來至眞等正覺明行成爲善逝世間

解無上士道法御天人師號佛世尊。教信法。教授獲安隱處。諸法甚深現身獲果義味甚深。如是智者明通此行。教令信聖衆。如來聖衆甚清淨。行直不曲常和合法法成就。戒成就。三昧成就。智慧成就。解脫成就。解脫見慧成就。所謂聖衆四雙八輩。是謂如來聖衆最尊最貴當尊奉敬仰。是世間無上福田。如是諸子當教父母行慈。諸比丘有二子。所生子所養子。是謂比丘有二子。是故諸比丘當學所生子口出法味。如是諸比丘當作是學。爾時諸比丘聞佛所說歡喜奉行。

佛說父母恩難報經

大方便佛報恩經孝養品

失譯人名在後漢錄

爾時大衆之中有七寶蓮華從地化生白銀爲莖黃金爲葉甄叔迦寶以爲其臺眞珠羅網次第莊嚴爾時釋迦如來即從座起昇華臺上結加趺坐即現淨身於其身中現五趣身一一趣身有萬八千種形類一一形類現百千種身一一身中復有無量恒河沙等身於四恒河沙等一一身中復現四天下大地微塵等身於一微塵身中復現三千大千世界微塵等身於一塵身中復現於十方一一方面各百千億諸

佛世界微塵等數身乃至虛空法界不思議衆生等身爾時如來現如是等身已告阿難言及十方諸來大菩薩摩訶薩及一切大衆諸善男子等如來今者以正徧知宣說眞實之言法無言說如來以妙方便能以無名相法作名相說如來本於生死中時於如是等微塵數不思議形類一切衆生中具足受身以受身故一切衆生亦曾爲如來父母如來亦曾爲一切衆生而作父母爲一切父母故常修難行苦行難捨能捨頭目髓腦國城妻子象馬七珍輦輿車乘衣服飲食臥具醫藥一切給與勤修精進戒施多聞禪

定智慧乃至具足一切萬行不休不息心無疲倦爲孝養父母知恩報恩故今得速成阿耨多羅三藐三菩提以是故一切衆生能令如來滿足本願故是以當知一切衆生於佛有重恩有重恩故如來不捨衆生以大悲心故常修習有方便爲一切三界二十五有諸衆生中不思己功修平等慈常修捨行方便亦明鑑一切衆生空法空五陰空如是不退不沒不沈空有修實相方便故不捨二乘修偏學方便以修如是甚深微妙方便故得明鑒法相佛法初終始末非一然衆生昏濁猖狂有三渴愛所覆沒於苦海爲四

倒之所顛倒於有漏法中妄想所見無我見我無常見常無樂見樂不淨見淨生老病死之所遷滅念念無常五蓋十纏之所覆蔽輪迴三有具受生死無有始終譬如循環是以如來教迹隨宜三藏九部乃至十二部經分流道化隨信深淺故說衆經典辯緣使封言者著自以頓足已得涅槃是以如來慈悲本誓顯大方便運召十方一切有緣有緣既集於此大衆中敷演散說此妙經典垂訓千載流布像法使一切衆生常獲大安是故如來乘機運化應時而生應時而滅或於異刹稱盧舍那如來應供正徧知明行足

善逝世間解無上士調御丈夫天人師佛世尊或昇兜率陁天爲諸天師或從兜率天下現於閻浮提現八十年壽當知如來不可思議世界不可思議業報不可思議衆生不可思議禪定不可思議龍王不可思議此是佛不可思議佛欲令一切衆生知佛心者乃至下流鈍根衆生皆令得知欲令一切衆生能得見者卽便得見欲令不得見者假令對目而不能見正使聲聞緣覺有天眼通亦不得見又佛放大光明下至阿鼻地獄上至有頂所應度者皆令得見不應度者對目不見有時如來或時許可或時默然當知諸佛世尊不可思議不可測量難可得知汝今云何能問如來如是甚深微妙難行苦行汝作是問眞是大悲愍傷衆生閉三惡道通人天路阿難善聽吾當爲汝略說孝養父母苦行因緣爾時世尊告於阿難及諸大菩薩摩訶薩一切大衆而作是言乃往過去無量無邊阿僧祇劫爾時有佛號波羅奈彼中有佛出世號毗婆尸如來應供正徧知明行足善逝世間解無上士調御丈夫天人師佛世尊其佛壽命十二小劫正法住世二十小劫像法亦住二十小劫於像法中有王出世號曰羅闍王波羅奈國王有二萬夫

人大臣有四千人有五百健象王主六十小國八百聚落王有三太子皆作邊小國王爾時波羅奈大王聰叡仁賢常以正法治國不枉人民惟王福德力故風雨時節五穀豐熟人民優壤爾時波羅奈大王有一所重大臣名曰羅睺羅睺大臣心生惡逆起四種兵所謂象兵車兵馬兵步兵伐波羅奈國斷大王命已殺王竟復遣四兵往詣邊國殺第一太子次復往收第二太子其最小弟作邊小國王其小王者形體姝大端正殊妙仁性調善語常含笑發言利益不傷人意常以正法治國不邪枉人民國土豐樂人民熾

盛多饒財寶家計充盈國土人民歎美其王稱善無量虛空諸天一切神祇亦皆敬愛爾時其王生一太子字須闍提聰明慈仁好喜布施須闍提太子者身黃金色七處平滿人相具足年始七歲其父愛念心不暫捨爾時守宮殿神語大王言大王知不羅睺大臣近生惡逆謀奪國位殺父王竟尋起四兵伺捕二兄已斷命根軍馬不久當至大王今者何不逃命去也爾時大王聞是語已心驚毛豎身體掉動不能自持憂恚懊惱嘻噓煩悶心肝惱熱宛轉躃地悶絕良久乃蘇微聲報虛空中言卿是何人但聞其聲不見

其形向者所宣審實爾不即報王言我是守宮殿神
以王聰明福德不枉人民正法治國以是之故先相
告語大王今者宜時速出苦惱衰禍正爾不久怨家
來至爾時大王即入宮中而自思念我今宜應歸投
他國復自思惟向於鄰國而有兩道一道行滿足七
日乃到他國一道經由十四日即便盛七日道糧徵
服尋出去到城外而便還入宮中呼須闍提太子抱
著膝上目不暫捨麤復驚起而復還坐爾時夫人見
其大王不安其所似恐怖狀即前問言大王今者似
恐怖狀何因緣故坐不安所身坌塵土頭髮蓬亂視

瞻不均氣息不定如似失國恩愛別離怨家欲至如
是非祥之相願見告語王言吾所有事非汝所知夫
人尋白王言我身與王二形一體如似鳥之兩翅身
之兩足頭之兩目大王今者云何而言不相關預王
告夫人汝不知耶羅睺大臣近生惡逆殺父王竟伺
捕二兒亦斷命根今者兵馬次來收我今欲逃命即
便抱須闍提太子即出進路爾時夫人亦隨後從去
時王荒錯心意迷亂誤入十四日道其道險難無有
水草前行數日糧餉已盡本意盛一人分糧行七日
道今者三人共食誤入十四日道數日糧食已盡前

路猶遠是時大王及與夫人舉聲大哭怪哉怪哉苦哉苦哉從生已來常未曾聞有如是苦如何今日身自受之今日窮厄衰禍已至舉首拍頭塵土自坌舉身投地自悔責言我等宿世造何惡行爲殺父母眞人羅漢爲謗正法壞和合僧爲畋獵漁捕輕秤小斗刼奪衆生爲用招提僧物如何今日受此禍對正欲小停懼怨家至苦爲怨得必死不疑正欲前進飢渴所逼命在呼噏爾時大王及與夫人思是苦已失聲大哭王悲悶絶舉身躃地良久醒悟復自思惟不設方便三人併命不離此死我今何不殺於夫人以活

我身幷續子命作是念已尋卽拔刀欲殺夫人其子須闍提見王異相右手拔刀欲殺其母前捉王手語父王言欲作何等爾時父王悲淚滿目微聲語子欲殺汝母取其血肉以活我身幷續汝命若不殺者亦當自死我身今者死活何在今爲子命欲殺汝母爾時須闍提卽白父言王若殺母我亦不食何處有子噉於母肉旣不噉母子俱當死父王今者何不殺子濟父母命王聞子言卽便悶絶宛轉躃地微聲語子子如吾目何處有人能自挑目而還食也吾寧喪命終不殺子噉其肉也爾時須闍提諫父王曰父王今

者若斷子命血肉臭爛未堪幾日惟願父母莫殺子身欲求一願若見違者非慈父母爾時父王語太子言不逆汝意欲願何等便速說之須闍提言父母今者爲愍子故可日日持刀就子身上割三斤肉分作三分二分奉上父母一分還自食之以續身命爾時父母即隨子言割三斤肉分作三分二分父母一分自食以支身命得至前路二日未至身肉轉盡身體肢節骨髓相連餘命未斷尋便倒地爾時父母尋前抱持舉聲大哭復發聲言我等無狀横噉汝肉使汝苦痛前路猶遠未達所在而汝肉已盡今者併命聚

屍一處爾時須闍提微聲諫言已噉子肉進路至此計前里程餘有一日子身今者不能移動捨命於此父母今者莫如凡人併命一處仰白一言爲憐愍故莫見拒逆可於身諸節間淨刮餘肉用濟父母可達所在爾時父母即隨其言於身肢節更取少肉分作三分一分與兒二分自食食已父母別去須闍提起立住視父母父母爾時舉聲大哭隨路而去父母去遠不見須闍提太子戀慕父母目不暫捨良久躃地身體當時新血肉香於十方面有蚊虻聞血肉香來封身上徧體唼食楚毒苦痛不可復言爾時太子餘

命未斷發聲立誓願宿世殃惡從是除盡從今已往
更不敢作今我此身以供養父母濟其所重願我父
母常得十一餘福臥安覺安不見惡夢天護人愛縣
官盜賊陰謀消滅觸事吉祥餘身肉血施此諸蚊虻
等皆使飽滿令我來世得成作佛得成佛時願以法
食除汝飢渴生死重病發是願時天地六種震動日
無精光驚諸禽獸四散馳走大海波動須彌山王踊
沒低昂乃至忉利諸天亦皆大動時釋提桓因將欲
界諸天下閻浮提怯怖須闍提太子化作師子虎狼
之屬張目䶇背跑地大吼波踊騰躑來欲搏噬爾時

須闍提見諸禽獸作大威勢徵聲語言汝欲噉我隨
意取食何爲見恐怖耶爾時天帝釋言我非師子虎
狼也是天帝釋故來試卿爾時太子見天帝釋歡喜
無量爾時天帝釋問太子言汝是難捨能捨身體血
肉供養父母如是功德爲願生天作魔王梵王天王
人王轉輪聖王須闍提報天帝釋言我亦不願生天
作魔王梵王天王人王轉輪聖王欲求無上正眞之
道度脫一切衆生天帝釋言汝大愚也阿耨多羅三
藐三菩提久受勤苦然後乃成汝云何能受是苦也
須闍提報天帝釋言假使熱鐵輪在我頂上旋終不

以此苦退於無上道。天帝釋言汝惟空言誰當信汝。須闍提即立誓願若我欺誑天帝釋者令我身瘡始終莫合。若不爾者令我身體平復如本血當反白爲乳。即時身體平復如故。血即反白爲乳。身體形容端正倍常。起爲天帝釋頭面禮足。爾時天帝釋即歎言善哉善哉吾不及汝。汝精進勇猛會得阿耨多羅三藐三菩提不久。若得阿耨多羅三藐三菩提時願先度我。時天帝釋於虛空中即沒不現。爾時王及夫人得到隣國。時彼國王遠出奉迎供給所須稱意與之。爾時大王向彼國王說上事因緣如吾子身肉孝養

父母其事如是。時彼隣國王聞是語已感須闍提太子難捨能捨身體肉血供養父母孝養如是。感其慈孝故即合四兵還與彼王伐羅睺。爾時大王即將四兵順路還歸。至與須闍提太子別處即自念言吾子亦當死矣。今當收取身骨還歸本國。舉聲悲哭隨路求覓。遙見其子身體平復端正倍常。即前抱持悲喜交集語太子言汝猶活也。爾時須闍提具以上事對父母說。父母歡喜共載大象還歸本國。以須闍提福德力故伐得本國。即立須闍提太子爲王。佛告阿難爾時父王者今現我父輸頭檀是。爾時母者今現我

母摩耶夫人是。爾時須闍提太子者今則我身釋迦如來是。爾時天帝釋者阿若憍陳如是。說此孝養父母品時。衆中有二十億菩薩皆得樂說辯才利益一切。復有十二萬億菩薩皆得無生法忍。復有十方諸來微塵等數皆得陀羅尼門。復有恒河沙等微塵數諸聲聞緣覺捨離二乘心究竟一乘。復有微塵數優婆塞優婆夷或得初果乃至二果。復有百千人發阿耨多羅三藐三菩提心。復有諸天龍鬼神乾闥婆阿修羅迦樓羅緊那羅摩睺羅伽人非人等或發菩提心乃至聲聞辟支佛心。佛告阿難菩薩如是爲一切衆生故難行苦行孝養父母。身體血肉供養父母其事如是。一切大衆聞佛說法各得勝利歡喜作禮右遶而去。

大方便佛報恩經孝養品

佛說孛經 亦云孛經鈔

吳月支優婆塞支謙譯

聞如是。一時佛在舍衛國。太子名祇有園田八十頃去城不遠其地平正多衆果樹處處皆有流泉浴池。其池清淨無有蚑蜂蚊寅蠅蚤。居士須達身奉事佛受持五戒不殺不盜不婬不欺不飲酒見諦溝港常好布施賑救貧窮人呼爲給孤獨氏。須達欲爲佛起精舍周徧行地唯祇園好因從請買。太子祇言能以黃金布地令間無空者便持相與。須達曰諾聽隨價數。祇曰我戲言耳。訟之紛紛國老諫曰已許價決不宜復悔遂聽與之。須達默念何藏金足祇謂其悔嫌貴自止。曰不貴也。自念當出何藏金耳。即時使人象負金出隨集布地須臾滿四十頃。祇感念佛必有大道故使斯人輕寶乃爾。祇曰敎齊是止勿復出金園地屬卿我自欲以樹木獻佛。因相可適便立精舍已各上佛佛與千二百五十沙門俱止其中。是故名祇樹給孤獨園也。其王名卑先匿舉宮中及人民皆其事佛奉諸沙門衣食牀臥疾藥所宜世無佛時諸異皆興譬如昏夜炬燭爲明。天下有佛衆邪皆歇喻若日出火無復光。國中本其事五百異道人異道衆邪是時皆廢諸異道人乃共嫉妬謀欲毀佛以望敬事。其女弟子名孫陀利曰師莫愁也我能令人不復敬佛事師如故便從今始欲日日粧梳衣服往詣佛諸沙門所至一月後可默殺我埋祇樹間佯行求索衆人當言數見此女往來精舍即詣王告乞吏搜索啼哭出尸道其婬亂無戒行意國人聞是必當捨佛來事諸師諸師曰善女如其言往來一月師使四人共殺埋之分布求已詣闕告言生亡一女衆人悉見日日往來諸沙門所乞吏搜求王即勑外部吏與行諸師乃佯徘徊再三過出尸舉戴徧行啼哭曰沙門之

法戒當清淨反婬人婦恐事發覺殺而藏之有何道哉國人聞此多有信者惟得道之人知詐僞耳佛於是乃勑諸沙門且勿入城七日之後事情當露至八日旦佛使阿難至巷說曰妄語讒人天令口臭詐誣清白死入地獄癡虐自怨長夜受苦國人聞是語皆相謂曰沙門必清淨故佛說此語耳王使人微密伺之見異道家竊相勞賀共賜四人異道人法知經多者得分多一人頑闇得分獨少怒曰當反汝事自共殺人而詐誣佛反與我少伺人得之牽將上聞到以實對即收謀者王與羣臣俱出詣佛給孤獨氏諸清

信士及國人民無數皆行詣佛到已作禮畢各一面坐王叉手白佛言聞此謗莫不悵然惟佛至眞淸淨無量不識其故何緣有此佛告王曰誹謗之生皆由貪嫉而此久有非適今也王曰願欲聞之佛言宿命無數世時我爲菩薩道常行慈心欲度脫萬姓時有蒲隣奈國廣博嚴好人民熾盛中有梵志姓瞿曇氏才明高遠國中第一有三子其小子者端正無比父甚奇之爲設大會請諸道人中外親戚抱兒示之衆師相曰是兒好道有聖人相必爲國師因名爲孛孛幼好學才藝過人悉通衆經及天下道術九十六

種死生所趣山崩地動災異禍福醫方鎭厭無所不知能卻姪心消伏蠱道武略備有而性慈仁瞿曇沒後二兄嫉之數求分異曰孛幼好學事師消費與分當少母憐念之數曉二子二子不止孛見兄意盛自念人生皆爲貪苦我若不去者兄終不息因自報母求行學道母便聽之孛即去近明師作沙門於山中自得四意止一慈衆生如母愛子二悲世間欲令解脫三解道意心常歡喜四爲能護一切不犯復得四意諸佛所譽一制貪婬二除恚怒三去癡念四得樂不喜逢苦不憂叉絕五欲目不貪色耳不貪聲鼻不

貪香舌不貪味身不貪細滑。能以智慧方便之道順化天下使行十善孝順父母敬事師長。諸疑惑者令信道德知死有生作善獲福爲惡受殃行道得道見憂厄者爲解免之。疾病者爲施醫藥。服孛教者死皆生天。其有郡國水旱災異孛至即平。毒害悉除。時有大國安樂饒人王名藍達。所任四臣專行邪諂婬盜奸欺侵奪無厭民被其毒王不覺知。孛愍傷之往到城外從道人沙陀寄止七日乃入城欲乞食。王於觀上見孛年少儀容端正行步有異。心甚愛敬即出問訊。王曰願道人留住。我有精舍近在城外可以中止當給所須。孛曰諾。王喜曰意欲相屈明日已去日日於宮食。孛曰善。王還向夫人說孛非恒人汝明日當見之。夫人心喜。牀下有犬犬名賓祇聞之亦喜。明旦孛來入宮王與夫人迎爲作禮。與施金牀氍毹毾㲪。孛欲就坐犬前舐足。王自起行澡水。敬意奉食已而俱出到外精舍。孛爲王說治國正法。王大喜歡因請孛留令與四臣共治國事。四臣愚怯不習戰陣自知貪濁常恐王問。一臣曰人死神滅不復更生。一臣曰貧富苦樂皆天所爲。一臣曰作善無福爲惡無殃。一臣自恃知占星宿。然皆佞諂不爲忠正。孛性聰明高才勇健。仁義恭敬信順寡言。言常含笑不傷人意清淨無欲節色少事。其政不煩豫知災異。能役使鬼神郤起死人。愛民如子教之以道。不得酗酥遊獵畋漁彈射鳥獸。殺盜婬欺讒罵佞嫉諍怒妖疑皆化使善。其為政後國界安寧。風雨時節五穀豐熟眾官承法不復擾民孛體無為獨貴奉佛。沙門四道朝暮誦習。及其姊子亦賢有志常師仰孛。國好學者多依附之。王無復憂一以委孛。四臣畏忌不得縱橫與嫉妬意謀欲治孛。共合財寶入一億數。伺王出時以上夫人而自陳曰。臣等至意奉家所有及身妻子當為奴婢。

欲白一事願蒙聽省。夫人貪得受其好寶。答謝四臣曰。便可說之。四臣對曰。王所幸孛被服麤陋似乞人耳見任過重不念國恩。曰道夫人惡教王遠房室。竊念夫人宜及少壯當有立子。今若失時則絕國嗣願孰思惟不除孛者恐後有悔。夫人恚曰。王信此人不知其惡。各且還歸。今自憂之。比令明日使不見孛也。夫人遣四臣出即。以梔子黃面亂頭卻臥。須臾王還內妓白王夫人不樂。王素重之入問再三。夫人不應。王即怒曰。何人有罪應誅戮者。汝欲使我罪誰那爾。夫人垂泣曰。王會不用我言耳。王曰。便說。不違汝也。

夫人即曰王旦適出孛來謂我今王老耄不能聽政國中吏民皆伏從我可以圖之共此樂也今反爲此乞人所謀我故愁耳王聞是語譬若人噎旣不能咽亦不得吐不用恐悔用之恐亂念孛助我已十二年常以忠正憂國除患遠近賴之此國之寶不可治也王曰今治孛者後必大亂爲萬民故且共忍之夫人便自擲牀下舉聲哭曰不治孛者我當自刺自投樓下不能見也王復曉曰汝亦知法此非小事起共議之夫人還坐王曰道人不可刀杖加之當以漸遣稍減其養明日來者勿復作禮拳捲而已與施木牀於

殿下坐炊惡厮米盛以瓦器如是慚愧極自當去王說此時賓祇不悅夫人明旦即以王教具勑內廚孛來入宮賓祇於牀下嗺喋吠之孛見狗吠夫人拳捲及所施設即知有謀自念我欲無害於人人反害我如是當避入深山耳小怨成大不可輕也彼以陰謀我宜慎之凡人身羸行正爲强今我自有食鉢水瓶革屣繖蓋漉水之囊斯足用矣孛食已攝物欲去王驚起曰是何疾也顧謂夫人乃使我失聖人之意即前牽孛問欲何之孛答曰爲王治國十二年矣未曾見賓祇嗺喋如今也是必有謀故欲去耳王曰實有

今見孛意覺微甚則願自勑勵當誅惡人。不須去也。孛曰。王前意厚而今已薄。友我無過宜以時去。夫盛有衰合會有離善惡無常禍福自追結友不固不可與親親而不節久必泄瀆。如取泉水掘深則濁近賢成智習愚益惑數見生慢疎則成怨善交接者往來以時親而有敬久而益厚。不善友者假求不副巧言利辭苟合無信接我以禮當以敬報待我以慢當即遠避有相親愛迴相憎者。愛時可附憎不可近敬以親善戒以遠惡。善惡無別非安之道。人無過失不可妄侵惡人事已不可納前。人欲疎已不可強親恩愛

已離不可追思。鳥宿枝折知更求棲去就有宜何必守常朽枝不可攀亂意不可犯。人欲相惡相見不歡。唱而不和可知爲薄。人欲相善緩急相赴言以忠告可知爲厚善者不親惡者不疎先敬後慢賢愚不別。不去何待。夫人初拜今但擎捲若我不去將見罵逐。初施金座今設木牀初盛寶器今用瓦甌初飯粳糧今惡厮米。我不去者且飯委地。知識相遇主人視之一宿如金再宿如銀三宿如銅證現如此不去何待。王曰國豐民寧孛之力也。今棄去者後將荒壞。孛曰。天下有四自壞樹繁華果還折其枝。虺蛇含毒反賊

其軀輔相不賢害及國家人爲不善死入地獄是爲
四自壞經曰惡從心生反以自賊如鐵生垢消毀其
形王曰國無良輔實須恃孝若欲相委是必危殆孝
曰凡人有四自危保任他家爲人證佐媒嫁人妻聽
用邪言是爲四自危經曰愚人作行爲身招患快心
放意後致重殃王曰我師友孝常在不輕當原不及
莫相捐去孝曰友有四品不可不知有友如華有友
如稱有友如山有友如地何謂如華好時插頭萎時
捐之見富貴附貧賤則棄是華友也何謂如稱物重
頭低物輕則仰有與則敬無與則慢是稱友也何謂

如山譬如金山鳥獸集之毛羽蒙光貴能榮人富樂
同歡是山友也何謂如地百穀財寶一切仰之施給
養護恩厚不薄是地友也王曰今我自知志思淺薄
聽用邪言使孝去也孝曰明者有四不用邪僞之友
佞諂之臣妖孽之妻不孝之子是謂四不用經曰邪
友壞人佞臣亂朝孽婦破家惡子危親王曰相與愛
厚宜念舊好不可孤棄也孝曰有十事知愛厚遠別
不忘相見喜歡美味相呼過言忍之聞善加歡見惡
忠諫難爲能爲不相傳私急事爲解貧賤不棄是爲
十愛厚經曰化惡從善切磋以法忠正誨厲義合友

道。王曰。四臣之惡。乃使孛恚不復喜我。孛曰。有八事知不相喜。相見色變。眄睞邪視。與語不應。說是言非。聞衰快之。聞盛不喜。毀人之善。成人之惡。是爲八事。經曰。卒鬬殺人。尙有可原。懷毒陰謀。是意難親。王曰。是我頑弊不別明闇。惡人所誤。遂失聖意。孛曰。有十事知人爲明。別賢愚。識貴賤。知貧富。適難易。明廢立。審所任。入國知俗。窮知所歸。博聞多識。達於宿命。是爲十事。經曰。緩急別友。戰鬬見勇。論議知明。穀貴識仁。王曰。自我得孛。中外恬安。今日相捨。永無所恃。孛曰。有八事可以恬安。得父財。有善業。所學成。友賢善。

婦貞良。子孝慈。奴婢順。能遠惡。是爲八事。經曰。生而有財。得友賢。快諸惡。無犯。有福祐。快。王曰。聖人之言誠無不快。孛曰。有八事快。與賢從事。得詣聖人。性體仁和。事業日新。忿能自禁。慮能防患。道法相親。友不相欺。是爲八事。經曰。有佛興快。演經道快。眾聚和快。和則常安。王曰。孛常易諫。今何難留。孛曰。有十不諫。慳貪好色。朦朧急暴。抵突疲極。憍恣喜鬬。專愚小人。是爲十。經曰。法語專愚。如與聾談。難化之人。不可諫曉。王曰。如我憍恣。不能遠色。孛得無爲不復與我語乎。孛曰。人不與語。有十事。儆慢懵鈍。憂怖喜豫。羞慚

吃肦仇恨凍餓事務禪思是爲十事經曰能行說之
可不能勿空語虛僞無誠信明哲所不顧王曰惡婦
美姿巧於辭令如有外姝卒何用知孛曰有十事可
卒知頭亂髻傾色變流汗高聲言笑視瞻不端受彼
寶飾闚看垣牆坐不安所數至鄰里好出野遊喜通
婬女是謂十事經曰婦女難信利口惑人是以高士
遠而不親王曰人情所近親信婦人不知其惡孛曰
人有十事不可親信主君所厚婦人所親怙身強健
恃有財產大水潰處故屋危牆蛟龍所居辜較縣官
猗惡之人毒害之蟲是爲十經曰謂酒不醉謂醉不

亂君厚婦愛皆難保信王曰如孛所語愛習生惡是
可嫉也孛曰可嫉有五麤口傷人讒賊喜鬭譙譊不
媚嫉妬呪詛兩舌面欺是爲五經曰施勞於人而欲
蒙祐殃及其軀自遘廣怨王曰何所施行人所愛敬
孛曰愛敬有五柔和能忍謹而有信敏而少口言行
相副交久益厚是爲五經曰知愛身者慎護所守志
尙高遠學正不昧王曰何者爲人所慢孛曰見慢有
五鬚長而慢衣服不淨空無志思婬態無禮調戲不
節是爲五經曰攝意從正如馬調御無憍慢習天人
所敬王曰願孛留意其還精舍孛曰有十事不延於

堂。惡師邪友。蔑聖反論。婬泆嗜酒。急弊長者無反復
子。婦女不節婢妾莊飾。是爲十。經曰遠避惡人婬荒
勿友從事賢者以成明德。王曰孝在我樂四方無事。
今日去者國中必嗟。孝曰。有八事可以安樂。順事師
長率民以孝。謙虛上下仁和其性。救危赴急恕己愛
人。薄賦節用赦恨念舊。是爲八事。經曰修諸德本慮
而後行唯濟人命終身安樂。王曰。吾常念孝豈有忘
時。孝曰。智者有十二念。雞鳴念悔過作福。早起念拜
親禮尊。臨事念當備豫所止念避危害。言語念當至
誠見過念以忠告。貧者念哀給護。有財念行布施飲

食念以時節。分物念以平均。御眾念用恩賜。軍具念
時繕治。是爲十二。經曰修治所務慮其備豫事業日
新終不失時。王曰安得大賢使留孝乎。孝曰。大賢有
十行。學問高遠不犯經戒。敬佛三寶受善不忘。制慾
怒癡習四等心。好行恩德不擾眾生。能化不義善惡
不亂。是爲十行。經曰明人難值而不比有其所生處
族親蒙慶。王曰。我過重矣。畜養惡人使孝恚去。孝曰。
大惡有十五。好殺刦盜婬泆。詐欺諂諛。虛飾佞讒。誣
善貪濁。放恣酗酥。妬賢毀道害聖。不計殃罪。是爲十
五。經曰奸虐饕餮怨譛良人行己不正死墮惡道。王

曰曉孛不止使我慚愧孛曰人有十事可愧君不曉政臣子無禮受恩不報過不能改兩夫一妻未嫁懷妊習不成就人有兵仗不能戰鬬慳人觀布施奴婢不能使是爲十經曰世儻有人能知慚愧是易誘進如策良馬王曰吾始今日知有道者爲難屈也孛曰有十二難任使專愚難怯弱御勇難仇恨共會難寡聞論議難貧窮負債難單無師將難事君終身難學道不信難惡望生天難生値佛時難得聞佛法難受行成就難是爲十二經曰人命難得値佛時難法難得聞聞能行難王曰今與孛談益我有智孛曰略說

其要人所當知有四十五事修其室宅和其家內親於九族信於朋友學從明師事必成好才高智遠宜守以善富當行恩治產宜愼有財當廣方業子幼勿付財相善與交苟合莫信財在縣官當早憂出賣買交易以誠勿欺凡所投止必先行視所住當知貴賤入國當親善人客宜依豪無與强諍故富可求復素貧勿大望寶物莫示人匿事莫語婦爲君當敬賢厚勇取忠信淸沓可治國趣事能立功教化之紀孝順爲本師徒之義貴和以敬欲多弟子當務義誨爲醫當有效驗術淺不宜施用病瘦當隨醫教飲食取節

便身知識美食當共博戲莫財命抵所施假貸當手自付證佐從正勿枉無過諫怒以順避惡以忍人無貴賤性和爲好道以守戒清淨爲上天下大道無過泥洹泥洹道者無生老病死飢渴寒熱不畏水火怨家盜賊亦無恩愛貪欲衆惡憂患悉滅故曰滅度王當自愛我今欲退王曰學欲去者寧復有異誡乎學曰譬如大水所溢突處雖百歲後不當於中立城郭也其水必復順故而來宿惡之人雖欲行善故不當信本心未滅或復爲非不可不戒人所欲爲譬如穿池鑿之不止必得泉水事皆有漸智者見微能濟其

命如人健泅截流度也王曰前後所說我皆貫心舉國士女靡不歡喜舊惡低伏無敢言者願聞其言儻遭異人何知其明學曰明者問對種種別異言無不善師法本正以此知之明人之性仁柔謹慤溫雅智博衆善所仰無有疑也觀其言行心口相應省其坐起動靜不妄察其出處被服施爲可足知之與明智談宜得其意得其意難如把刃持毒不可不慎也王曰欲事明者不失其意爲之奈何學曰敬而勿輕聞受必行明者識眞體道無爲知來今往古一歸空無人物如化少壯有老強健則衰生者必死富貴無常

是故安當念危盛存無常善者加愛不善黜遠雖有
仇恨不爲施惡柔而難犯弱而難勝明人如是不可
慢也王曰盡心愛敬以事明智寧有福乎孛曰智者
法聖以行其仁樂開愚蒙成人之智治國則以惠施
爲善修道則以導人爲正國家急難則能分解進退
知時無所怨尤恩廣德大不望其報事之得福終身
無患王其勿疑治政之法不可失道勸民學善益國
最厚王曰誰能留孛我心愁慘忽忽如狂垂泣向孛
懺悔解過孛曰如人不能泅不當入深水欲報仇者
不當豫嬈親厚中諍後更相謝雖知和解善不如本

無諍也善不能賞反聽讒言我如飛鳥止無常處道
貴清虛不宜人間如野火行傍樹爲燋激水破船毒
蟲害人與智從事不當擾也草木殊性鳥獸類分白
鶴自白鸕鷀自黑我與彼異無欲於世如田家翁生
習山藪與之好衣爲無益也天下有樹其名反戾主
自種之不得食實他人竊取果則爲出今王如是善
安國者而見驅逐佞僞敗政反留食祿賓客久留主
人厭之我宜退矣王曰人命至重願垂憶念今欲自
力事孛勝前孛曰王雖言之猶不得施夫人意惡我
不宜留天下家家皆有炊食沙門所以持鉢乞者自

樂除貪全戒無為遠罪咎也。王曰。今孛既去莫便斷絕。願時一來使我不恨。孛曰。如俱健者猶復相見。且欲入山以修其志。夫近而相念惡不如遠而相念善。智者以譬喻自解。請說一事。譬如有人以蜜塗刀。猶得舐之以傷其舌。坐貪小甜不知瘡痛。四臣如是。但美其口心如利刀。王其戒之。自今以後若有驚恐。常念孛者。眾畏必除。孛復言曰。鵄梟樂塚。羣鼠糞居。百鳥棲樹。鶴處汙池。物各有性志欲不同。我好無為。如王樂國。器雖麤弊不可便棄。各有所貯。愚賤不肖亦不可棄。各有所用。王當識此。我猶知人言意所趣。如

烏集樹先從下枝閒關趣上。見賓祇吠以知中外有謀。意欲厭故更受新也。孛曰請退。即起出城。王與夫人啼泣送之。人民大小莫不號怨。王行且問孛誰可信者。孛曰。我姊子賢善可與諮議。時時共出巡行國中。觀民謠俗可知消息。王曰受教。即與傍臣人民為孛作禮。於是別去。孛去之後四臣縱橫於外以佞辯為政。夫人於內以妖蠱事王。王意迷惑不復憂國。奢婬好樂晝夜躭荒。眾官羣寮發調受取無有道理。征卒市買不復雇直。強者陵弱轉相抄奪至相殺傷。不畏法禁。良民之子掠為奴婢。六親相失迸竄苟活。災

異相屬王不能知風雨不時所種不收國虛民窮飢餓滿道歌謠怨聲感動鬼神人民愁怖亡去略盡號泣而行莫不思孝孝如鴿鷹臨衆鳥上壓伏奸人慈育民物如天帝釋孝姊子道人後適他郡見國荒亂聚落毀壞人民單索還爲王說大臣不正放縱劫盜掠殺無辜殘虐無道人怨神怒天屢降災遠近皆知而王不覺今不早圖且無復民王乃驚曰果如孝戒我所任者如狼在羊中知民當散如犇車逸馬道人旣告何以敎之道人曰孝去國亂皆由奸臣王宜更計國倘可復願一巡行目見耳聞當知其實王卽與

道人私出按行國界見數十童女年皆五六十衣服弊壞呼嗟而行道人問曰諸女年大何以不嫁答曰當使王家窮困如我快也道人曰汝言非也王者位尊何能憂汝女曰不然王治不正使國飢荒夜則困於盜賊晝則窮於胥吏衣食不供誰當嫁娶我也王復前行見諸老母衣不蔽形身羸目瞑啼哭而行道人問曰皆有何憂答曰當使國王窮盲如我快也道人曰是言非也老自目瞑王有何過諸母曰我夜爲盜所劫晝爲吏所奪窮行採薪觸犯毒螫使我如此非王惡耶王復前行見一女子跪搆牛乳爲牛所蹹

躃地罵曰當蹹王婦如我快快也道人問曰牛自蹹汝王家何過答曰王治不正使國荒亂盜賊不禁令我善牛見奪爲弊牛所蹹非王惡耶道人言汝自無德不能搆牛女曰不然若王家善孛自當留國不亂也王復前行見烏啄蝦蟇蝦蟇罵曰當使惡王見啄如我快也道人曰汝自爲烏所啄王當護汝耶答曰不望護也王無恩澤政治不平祭祀廢絕天旱水竭故使我身烏見啄耳蝦蟇喚曰知爲政者棄一惡人以成一家棄一惡家以成一鄉不知政者民物失所天下怨訟道人曰百姓無罪呼嗟感天神使蝦蟇降語

如此王自具見宜退惡人改往修來與民更始如種善地雨澤以時何憂不熟王曰今當任誰道人言宜急請孛孛仁聖知時反國必安王還即遣使者入山請孛言若孛不還者當向叩頭道我自知怨負萬民憂不能食須待孛到孛素慈仁憂念十方知我國荒想必來也使者受命往到孛所稽首白言大王慇懃致敬無量自知罪過深重違失聖意使國荒亂百姓窮困涕泣思孛不能飲食願垂愍念一來相見也孛哀人民故隨使者還道見死獼猴故剝取其皮欲以生語國人聞孛來皆出界迎孛到城外止故精舍王

出相見作禮問訊畢一面坐叉手謝孛言空頑不及虐負萬民請自悔勵幸遂原之孛曰甚善四臣過耳語孛曰卿等無過何不公談四臣恚曰凡爲沙門欲望天福人皆稱善不當殺獮猴取其皮也孛曰卿等自迷惑不別眞僞耳是非好惡天悉知之苦樂有本不可強力爲惡罪追雖久不解作善福隨終不敗亡禍福在己愚謂之遠以我剝皮而殺獮猴難此似是卿曹默默爲奸不止相殺事耶言命在天謂善無益爲惡無殃禍福之報自然如響響應隨聲非從天墮卿等作惡豈不自識雖欲誣之自然不聽此非謗我

爲自中耳卿一人言人死神滅不復生者是聖語耶從意出乎自欲爲惡反言作善無福爲惡無殃夫天之明象日月星辰列現於上誰爲之者四臣默然孛復曰天地之閒一由罪福人作善惡如影隨形死者棄身其行不亡譬如種穀種敗於下根生莖葉實出於上作行不斷譬如燈燭展轉然之故炷雖消火續不滅行有罪福如人夜書火滅字存魂隨神行轉生不斷卿曹意志自以爲高如人殺親可無罪乎四臣答言夫蔭其枝者不摘其葉何況殺親而當無罪孛曰然卿難我似是吾取死皮汝尙誣之卿曹所爲法

當云何。卿一人言人死神滅不復生。一人言苦樂在天。一人言作善無福爲惡無殃。一人自怙知占星宿。外陽爲善內陰爲奸。譬如僞金其中純銅貌飾美辭心。行讒賊。如狼在羊中主不能覺天下惡人亦稱爲道被髮臥地道說經戒專行諂欺貪利欲得愚人信伏如雨掩塵羣妖相厭如水流溢不時入海多所傷敗。惟有聖人能濟天下化惡授善莫不蒙祐。若善無福惡無殃者古聖何故造制經典授王利劍。夫行有報其法自然。善者受福惡者受殃天之所疾禍無久遲陰德雖隱後無不彰。故國立王王政法天。任賢使

能賞善伐奸。各隨其行如響應聲。人死神去隨行往生。如車輪轉不得離地信哉罪福不可誣也。人行至誠鬼神助之。惡雖不覺終必受殃。故當戒愼遠惡知慙。若皆爲善稟氣當同。不善者多或有不平或壽不壽。多病少病醜陋端正貧富貴賤賢愚不均至有盲聾瘖瘂跛蹇癃殘百病皆由宿命行惡所致。其受百福人所樂者則是故世善行使然。積德忠正故有日月星辰有天有人帝王豪貴是明證也何可言無宜熟思之勿謂不然。孝說是時。王與臣民無不解悅。孝復曰。古昔有王名爲狗獵池中生甜魚甘而少骨王

使一人監護令日獻八魚其監亦日竊食八魚王覺
魚減更立八監使共守護八監又各日竊八魚守之
者多魚爲之盡今王如是所任不少爲亂益甚譬如
人摘生果既亡其種食之無味王欲爲治不用賢人
既失其民後又無福治國不正則使天下有諍奪之
心如人治產不勤用心則財日耗國有勇武習戰陣
者不足其意則弱其國爲王不敬道德不事高明生
則賢者不歸死則神不生天掠殺無辜使天下怨訟
則天降災身失令名治國以法爲政得忠敬長愛少
孝順奉善現世安吉死得生天譬如牛行其導直正
餘牛皆從貴賤有導率下以正遠近伏化則致太平
爲君當明探古達今動靜知時剛柔得理惠下利民
布施平均如是則世世豪貴後可得泥洹之道衆坐
皆喜稱善無量王即避座稽首白言今孛所語譬如
疾風吹卻雲雨孛本慈念垂化如前孛即起行隨王
入宮四臣愚癡於是見廢孛復治國恩潤滂流風雨
時節五穀豐熟人民歡喜四方雲集上下和樂遂致
太平佛言時孛者今我身是也姊子道人則阿難是
時王藍達今卑先匿是時夫人則好首是時犬賓祇
者車匿是時四大臣則今四道人殺好首者是時語

蝦蟇者今得羅漢遮陀耶是。我爲菩薩世世行善勤苦積德無央數劫爲萬民故今自致得佛所願皆得。諸值我時聞經法者宜各精進爲善勿懈。佛說是已有三億人得踐道跡皆受五戒歡喜奉行。

佛說孛經

佛說演道俗業經

乞伏秦沙門釋聖堅譯

聞如是。一時佛在舍衛國祇樹給孤獨園，與大比丘衆千二百五十菩薩無數。四輩之衆天龍鬼神阿須倫會。時給孤獨氏與五百居士出舍衛城行詣佛所。稽首足下却坐一面叉手問佛居處治家財有幾輩。出家修道行異同乎。當奉何法疾成無上正眞之道。復以何宜化衆生耶。佛言。善哉問也。開發曈曚將來學施。佛言。財有三輩。一曰下財。二曰中財。三曰上財。何謂下財。有人治產積聚錢財。不敢衣食不修經戒。

不能孝順供養二親。不樂隨時給足妻子。欲其消息充飢飽賜奴客徒使衣裁蔽形食係口腹。抱愚守惜如蜂愛蜜。不信先聖不奉高士沙門道人。不好布施種福爲德。心自計常不慮對至。合者必散禍福自追。貪慕身地不覺惱恨。咄嗟沒過入泥犂門。其身緣食四大飑盛。神寄其中假號爲名。羸弱猶化危脆不固。不解非常倚世之榮。心懷萬憂謂亦長生。心存吾我不達悉空。三界尚虛況人物乎。汲汲迷惑貪婬嫉妬。如斯行者是謂下財。奉養父母安和至心。出辭還返不失顏色晨定暮省小心翼翼。念二親恩而無窮極。

給足妻子應時衣食恩情歸流與共同歡妻子如是也終無私行瞻視奴客眷屬徒使不令飢乏不信死後當復更生謂死滅盡歸於無形供孝所生念乳養恩給足妻子戀恩愛情瞻視僕使欲得其力不能奉敬沙門道人不肯行善布恩施德後當得福與衆殊特是謂中財佛於是頌曰。

常能念乳養　孝順供二親　給足其妻子

隨時不失節。奴客及徒使　慰勞不加惡

下侍皆順從　遣行不違教。不信後世生

聞之驚不喜　自計身有常　長存不終亡。

三界如幻化　當識此辭章　已所爲罪福

從本而受之。

佛復告長者。上財業者。謂其人若有財寶能自衣食。孝順父母不失時節。恒瞻顏色不令懷慼。出不犯禁入不違禮。造行清白不使汙染。恭敬尊長謙遜智者。啓受博聞等心不邪。下劣貧厄咸蒙仗荷給贍妻子常令豐備除諸邪念修以正治消息奴使不令窮匱不妄撾駡加之慈愍奉敬先聖至學正士出家順法沙門賢明。夙夜行禮不失其意布施所乏使成道德。恣講經典并化癡冥。以善方便不失其時自安護彼一切衆生。猶如㹀牛食芻出乳。乳出酪。酪出酥。酥出醍醐。醍醐最柔特妙。其自安身。愍哀十方。多所慈念。多所安隱。諸天人民皆得蒙度。是人最尊無上無比。爲無儔匹。爲世大雄。獨步無侶。佛於是頌曰。

若有衆財業　以自好衣食　供養孝父母
不失其顏色。　出遊不犯禁　還返不違禮
造行常清白　順法不荒迷。　恭敬奉尊長
謙遜明智者　啓受博聞士　等心不慕邪。
隨時給妻子　各令得其所　慈賜奴僕使
衣食常豐足。　奉沙門學士　布施授供養
從受深妙法　棄捐癡聾盲。　愍傷十方人
不獨爲身行　常自安其己　亦解一切厄。
譬如酥醍醐　本從芻草出　既可用安身
身和無疹疾。　普哀衆生類　其心常平一
以是四等行　速逮成至佛。

佛告長者。出家修道學有三品。一曰聲聞。二曰緣覺。三曰大乘。何謂聲聞。畏苦厭身。患無央數生死之難。周旋之患。視身如怨。四大猶虵。五陰處賊。坐禪數息。安般守意。觀身惡露不淨之形。畏色欲本痛想行識。怖地獄苦餓鬼之厄。畜生惱結人中之難。天上别離不可稱計輪轉無休如獄中囚。欲斷生死勤勞之罪。求無爲樂泥洹之安。但自爲己不念衆生。常執小慈不興大哀倚于音聲不解空慧三界猶幻。趣自濟己不顧恩慈是爲聲聞學。佛於是頌曰。

畏無量生死　周旋之艱難　心已懷恐懼
唯欲求自安。　坐禪而數息　專精志安般
觀身中惡露　不淨有若干。　棄捐三界色
斷欲得自安　不能修大慈　唯志樂泥洹。

佛告長者。緣覺者。本發大意爲菩薩業。布施持戒忍辱精進一心智慧。以用望想求爲尊豪。天上天下咸

令自歸。三十二相八十種好。威神德重巍巍堂堂無能及者。不解如來色身所現。因世愚人不識大道。斷生死流不能及源盡生死本故爲現身。相好嚴容文辭言教以化愚冥。顯示大明及著相好。謂審有色像。雖行四等四恩六度無極三十七品觀十二緣欲拔其源。不解本無希望大道。正使積德如虛空界不得至佛。所以者何。用不達故。何謂不達。布施持戒忍辱精進一心智慧四等四恩有所希望。念救一切五趣生死解空無相不願諸法。曉一切法如幻化夢野馬影響芭蕉泡沫皆無所有道慧無形等如虛空無所

增壞普度眾生。佛於是頌曰。

本發菩薩意　志慕大乘業　但欲著佛身
不了無適莫。　布施戒忍辱　精進禪息智
四等恩六度　惟己樂無爲。　慕三十二相
八十好巍巍　天上天下尊　脱五陰六衰。
但察其麤事　不能觀深微　雖欲度十方
心口自相違。　不了如幻化　水沫泡野馬
芭蕉如夢影　妄想甚眾多。　正使作功德
猶如江河沙　心懷無上眞　不解除眾魔。

佛告長者。其大乘學。發無上正眞道意行于大慈等如虛空。而修大悲無所適莫。不自憂身但念五趣一切眾生普欲使安。奉四等心慈悲喜護。惠施仁愛益義等利救濟十方。布施持戒忍辱精進一心智慧。六度無極無所希望。以施一切眾生之類。觀于三界往返周旋勤苦艱難不可稱計。念之如父如母如子如身等而無異爲之雨淚。欲令度厄至于大道。佛於是頌曰。

發無上大意　行慈悲喜護　大哀如虛空
行等無適莫。　立德不爲己　唯爲十方施
度脱諸羣生　使至大道智。

又有四事得至大乘。一曰布施給諸窮乏。二曰不擇豪劣行輕重心。三曰所可施與無所希望不求還報。四曰以此功德施於衆生佛。於是頌曰。

布施攝貧窮　不行輕重心　志惠無希望
不求還得報。　愍念於羣黎　往來周旋者
以此功德施　悉令至大道。

佛告長者。奉戒有四事疾成大乘。一曰守口護身心不念非。二曰出入行步不失禮節。三曰不願生天轉輪聖王釋梵之位。四曰以是禁戒惠施衆生佛。於是頌曰。

常護身口意　心堅如太山　若出入行步
未曾失禮節。　不願生天上　釋梵轉輪王
則以此正行　用惠一切人。

佛告長者。忍辱有四事疾成大乘。一曰若罵詈者不計音聲。二曰若撾捶者計如無形。三曰若毀辱者謂如風吹。四曰有加害者常懷大哀佛。於是頌曰。

撾罵令默然　自計本無形　設有恨意起
心輙還自止。　和心顏色悅　衆人咸恭敬
用是得成佛　三十二相明。

佛告長者。精進有四事。一曰夙夜奉法未曾懈廢。二曰寧失身命不違道教。三曰勤諷深典不以懈倦。四曰廣欲救濟諸危厄者是爲四。佛於是頌曰。

夙夜奉大法　未曾有忽忘　寧自失身命
不敢違道教。　誦習深經典　不以爲懈倦
救濟衆危厄　不使心懷怨。

佛告長者。禪思有四事。一曰樂習精修閑居獨處。二曰靜身口心令不憒亂。三曰雖在衆鬧常能定己。四曰其心曠然而無所著。佛於是頌曰。

恆好於精修　志閑居獨處　靜其身口意
未曾念憒鬧。　數處衆亂中　心定無忽變

一心見十方　道慧起神足。

佛告長者。智慧有四事。一曰解於身空四大合成散壞本無主名。二曰其生三界皆心所爲心如幻化倚立衆形。三曰了知五陰本無處所隨其所著因有斯情。四曰曉十二緣本無根源因對而對現是爲四。佛於是頌曰。

悉解其身空　四大而合成　散滅無處所
從心而得生。　五陰本無根　所著以爲名
十二緣無端　了此至大安。

佛告長者。智慧復有六事。一曰解色如聚沫。二曰了痛癢如水泡。三曰思想如野馬。四曰曉生死如芭蕉。五曰察識如幻。六曰心神如影響計本悉空皆無處所。佛於是頌曰。

解色如聚沫　痛癢如水泡　思想猶野馬
生死若芭蕉　了識假譬幻　三界無一好
分別悉空無　爾乃至大道。

佛告長者慈有四事。一曰慈念十方。二曰如母育子。三曰極愍念之。四曰如身無異是爲四。佛於是頌曰。

慈念於十方　如母育赤子　常懷極愍念
如身等無異。

佛告長者哀有四事。一曰愍之。二曰爲之雨淚。三曰身欲代罪。四曰以命濟之。喜有四事。一曰和顔。二曰善言。三曰說經。四曰解義。護有四事。一曰敎去惡就善。二曰常訓誨歸命三寶。三曰使發道意。四曰開化衆生。是爲四。佛於是頌曰。

愍念爲雨淚　身欲代其罪　捨命而濟之
不以爲懷恨。　和顔演善言　講法分別義
敎去惡就善　誨歸命三寶。

佛告長者有四法疾成無上正眞之道。一曰解空學無所求。二曰無想無所希望。三曰無願不慕所生。四曰常等三乘之業無去來今。是爲四。佛於是頌曰。

解空無所求　無想希望報　不慕願所生
常等三世行。

佛告長者。有四事法疾成佛道。一曰一切皆悉本淨。二曰而解萬物普如幻化。三曰生死斷滅皆從緣對。四曰計其緣對本亦無形。佛於是頌曰。

一切悉本淨　解物如幻化　生死從緣對
計本亦無形。

佛告長者。有六法疾成正覺。一曰身常行慈無怨無結。二曰口常行慈演深慧義。三曰心慈仁和調隱哀

念十方。四曰護戒不造想求大乘之業。五曰正觀見十方空道俗不二。六曰供足乏食救身之業以濟危厄。是爲六。佛於是頌曰。

身常行慈心　未曾懷怨結　口恆修言愍
演深慧之誼。　心和仁調隱　哀念諸十方
護戒不起想　正觀十方空。

佛告長者。有四事疾成佛道。一曰奉精進業悉無所著。二曰教化衆生道心不斷。三曰遊于生死不以患厭。四曰大慈大哀不捨權慧。是爲四。佛於是頌曰。

精進無所著　教化未曾斷　不患厭生死

不廢捨權慧。

佛告長者開化衆生有四事。一曰不信生死者則以現事禍福喻之。二曰不信三寶顯示大道。三曰迷惑邪徑指語三乘佛道獨尊而無有侶。四曰三界所有悉如幻化無一眞諦。是爲四。佛於是頌曰。

不信生死禍福示　墮邪見者顯大道
佛道獨尊而無侶　三界悉空如幻化。

佛告長者開化復有七事。一曰慳貪者教令布施。二曰犯惡者誨令奉戒。三曰瞋恚者勸令忍辱。四曰懈怠者化令精進。五曰心亂者誨令定意。六曰愚冥者教令至學智度無極。七曰不知隨時顯權方便。是爲七。佛於是頌曰。

慳者教布施　犯惡令奉戒　瞋恚勸忍辱
懈怠勸精進。亂者使定意　愚冥教令學
智慧度無極　隨時發善權。

隨時菩薩問佛。何故學者有上中下。不悉普等至大乘乎。佛言學者其心見有遠近。解有深淺。志有優劣。故示三乘。計本無三。三假引爲喻。譬如有人爲國大臣聰明智慧。王之所重。參議國事。一以委託不懷疑慮。又斯大臣有三親友。一曰太子。二曰尊者。三曰凡人。

大臣舉治國之政頗有漏失衆人潛入白之於王謂圖逆辟王聞懷疑問諸臣曰當何罪之諸臣得便各重罪之或言斫頭或言截手斷足或言割耳及鼻挑眼去舌王察衆臣所議甚重告曰不然此人明達偶有小失不宜乃爾當捉閉著獄諸臣唯從不敢復言告邊臣曰速下文書令收勑臣閉在刑獄時凡親友聞之悲念欲使出獄力劣不任唯以衣被飲食所乏日日供之亦不能令不見榜笞尊者友聞心用辛酸往至其所解喻獄吏不令榜笞痛苦休息不堪出獄王太子聞以爲惆然是吾親親無有重罪衆臣憎之

讒之於王不宜取爾往詣王所具陳本末謂無逆肆當用我故願赦其殃王用愛子即赦使出獄與王相見令業如故其國王者謂如來其太子者智慧度無極善權方便菩薩逮得無所從生法忍權慧之宜乃能得出於三界獄得成爲佛廣濟衆生尊者親友謂行淨戒免三惡趣不免三界可受天上人閒福不得至道凡知友者謂布施業此適能脫餓鬼之界不免地獄畜生之厄所以者何如其所種各得其類發無上正眞道意奉於大慈無極大哀開化一切故得至佛道本興大道不達深法不解進退中止自廢故爲

緣覺。畏生死難往返周旋。但欲自濟不念苦人。故墮聲聞。各隨本行而獲致之。說是經時。給孤獨園居士五百長者皆發無上正眞道意。有數千人遠塵離垢諸法眼生。空候樂器不鼓自鳴。飛鳥走獸相和悲聲。當是之時莫不歡喜自歸佛者。居士復問。初學道者始以何志。佛言。先習五戒自歸於三。何謂五戒。一曰慈心仁恩不殺。二曰淸廉節用不盜。三者貞良鮮潔不染。四曰篤信性和不欺。五曰要達志明不亂。何謂三自歸。一曰歸佛無上正眞。二曰歸法以自御心。三曰歸衆聖衆之中所受廣大猶如大海靡所不包復

有四法。一曰道跡。二曰往還。三曰不還。四曰無著。緣覺至佛無上大道。得天人身皆由之生。次行四等四恩四辯六度無極大慈大哀。得成大道前知無窮。卻覩無極教訓十方。何智不逮。阿難問曰。此經何名。云何奉行。佛言。名曰解俗家業三品之財。出家修道無上正眞其要號曰演道俗業。佛說如是賢者阿難給孤獨居士五百淸信士莫不歡喜。

佛說演道俗業經

當恭敬供養禮事我。如是南方西方北方下方上方若有衆生者我盡恭敬供養禮事彼我盡恭敬供養禮事彼已彼亦當恭敬供養禮事我。世尊見已往至善生居士子所問曰。居士子。受何沙門梵志教教汝恭敬供養禮事。平旦沐浴著新芻摩衣手執生拘舍葉往至水邊叉手向六方禮。東方若有衆生者我盡恭敬供養禮事彼我盡恭敬供養禮事彼已彼亦當恭敬供養禮事我。如是南方西方北方下方上方若有衆生者我盡恭敬供養禮事彼我盡恭敬供養禮事彼已彼亦當恭敬供養禮事我耶。善生居士子答

曰。世尊。我不受餘沙門梵志教也。世尊。我父臨命終時因六方故遺敕於我善教善訶曰。善生。我命終後汝當叉手向六方禮。東方若有衆生者我盡恭敬供養禮事彼我盡恭敬供養禮事彼已彼亦當恭敬供養禮事我。如是南方西方北方下方上方若有衆生者我盡恭敬供養禮事彼我盡恭敬供養禮事彼已彼亦當恭敬供養禮事我。世尊。我受父遺教恭敬供養禮事故。平旦沐浴著新芻摩衣手執生拘舍葉往至水邊叉手向六方禮。東方若有衆生者我盡恭敬供養禮事彼我盡恭敬供養禮事彼已彼亦當恭敬

供養禮事我。如是南方西方北方下方上方。若有眾生者我盡恭敬供養禮事彼我盡恭敬供養禮事彼已彼亦當恭敬供養禮事我。世尊聞已告曰居士子。我說有六方不說無也。居士子若有人善別六方離四方惡不善業垢。彼於現法可敬可重身壞命終必至善處上生天中。居士子眾生有四種業四種穢。云何爲四。居士子殺生者是眾生業種穢種。不與取邪婬妄言者是眾生業種穢種。於是世尊說此頌曰。

殺生不與取　邪婬犯他妻　所言不眞實
慧者不稱譽。

居士子人因四事故便得多罪。云何爲四。行欲行恚行怖行癡。於是世尊說此頌曰。

欲恚怖及癡　行惡非法行　彼必滅名稱
如月向盡沒。

居士子人因四事故便得多福。云何爲四。不行欲不行恚不行怖不行癡。於是世尊說此頌曰。

斷欲無恚怖　無癡行法行　彼名稱普聞
如月漸盛滿。

居士子求財物者當知有六非道。云何爲六。一曰種種戲求財物者爲非道。二曰非時行求財物者爲非道。三曰飲酒放逸求財物者爲非道。四曰親近惡知識求財物者爲非道。五曰常喜伎樂求財物者爲非道。六曰懶惰求財物者爲非道。居士子。若人種種戲者當知有六災患。云何爲六。一者負則生怨。二者失則生恥。三者負則眠不安。四者令怨家懷喜。五者使宗親懷憂。六者在衆所說人不信用。居士子。人博戲者不經營作事。作事不營則功業不成。未得財物則不能得。本有財物便轉消耗。居士子。人非時行者當知有六災患。云何爲六。一者不自護。二者不護財物。三者不護妻子。四者爲人所疑。五者多生苦患。六者

爲人所謗。居士子。人非時行者不經營作事。作事不營則功業不成。未得財物則不能得。本有財物便轉消耗。居士子。若人飲酒放逸者當知有六災患。一者現財物失。二者多有疾患。三者增諸鬬諍。四者隱藏發露。五者不稱不護。六者滅慧生癡。居士子。人飲酒放逸者不經營作事。作事不營則功業不成。未得財物則不能得。本有財物便轉消耗。居士子。親近惡知識者當知有六災患。云何爲六。一者親近賊。二者親近欺誑。三者親近狂醉。四者親近放恣。五者逐會嬉戲。六者以此爲親友。以此爲伴侶。居士子。若人

親近惡知識者不經營作事。作事不營則功業不成。未得財物則不能得。本有財物便轉消耗。居士子。若人喜伎樂者當知有六災患。云何爲六。一者意聞歌。二者意見儛。三者意往作樂。四者意見弄鈴。五者意拍兩手。六者意大聚會。居士子。若人意伎樂者不經營作事。作事不營則功業不成。未得財物則不能得。本有財物便轉消耗。居士子。若有懶惰者當知有六災患。云何爲六。一者大早不作業。二者大晚不作業。三者大寒不作業。四者大熱不作業。五者大飽不作業。六者大飢不作業。居士子。若人懶惰者不經營作

事。作事不營則功業不成。未得財物則不能得。本有財物便轉消耗。於是世尊說此頌曰。

種種戲逐色　嗜酒意作樂　親近惡知識
懶惰不作業　放恣不自護　此處壞敗人。
行來不防護　邪婬犯他妻　心中常結怨
求願無有利　飲酒念女色　此處壞敗人。
重作不善行　很戾不受教　罵沙門梵志
顛倒有邪見　凶暴行黑業　此處壞敗人。
自乏無財物　飲酒失衣被　負債如涌泉
彼必壞門族。　數往至酒鑪　親近惡朋友

應得財不得　是伴黨爲樂。　多有惡朋友
常隨不善伴　今世及後世　二俱得敗壞。
人習惡轉減　習善轉興盛　習勝者轉增
是故當習勝。　習昇則得昇　常逮智慧昇
轉獲淸淨戒　及與微妙止　晝則喜眠臥
夜則好遊行　放逸常飲酒　居家要得成。
大寒及大熱　謂有懶惰人　至竟不成業
終不獲財利。　若寒及大熱　不計猶如草
若人作是業　彼終不失樂。

居士子。有四不親而似親。云何爲四。一者知事非親似如親。二者面前愛言非親似如親。三者言語非親似如親。四者惡趣伴非親似如親。居士子。因四事故知事非親似如親。云何爲四。一者以知事奪財。二者以少取多。三者或以恐怖。四者或爲利狎習。於是世尊說此頌曰。

人以知爲事　言語至柔輭　怖爲利狎習
知非親如親。　常當遠離彼　如道有恐怖。

居士子。因四事故面前愛言非親似如親。云何爲四。一者制妙事。二者教作惡。三者面前稱譽。四者背說其惡。於是世尊說此頌曰。

若制妙善法　教作惡不善　對面前稱譽
背後說其惡　若知妙及惡　亦復覺二說
是親不可親　知彼人如是　常當遠離彼
如道有恐怖。

居士子。因四事故言語非親似如親。云何為四。一者認過去事。二者必辯當來事。三者虛不真說。四者現事必滅我當作不作認說。於是世尊說此頌曰。

認過及未來　虛論現滅事　當作不作說
知非親如親　常當遠離彼　如道有恐怖。

居士子。因四事故惡趣伴非親似如親。云何為四。一

者教種種戲。二者教非時行。三者教令飲酒。四者教親近惡知識。於是世尊說此頌曰。

教若干種戲　飲酒犯他妻　習下不習勝
彼滅如月盡。　常當遠離彼　如道有恐怖。

居士子。善親當知有四種。云何為四。一者同苦樂當知是善親。二者愍念當知是善親。三者求利當知是善親。四者饒益當知是善親。居士子。因四事故同苦樂當知是善親。云何為四。一者為彼捨己。二者為彼捨財。三者為彼捨妻子。四者所說堪忍。於是世尊說此頌曰。

捨欲財妻子　所說能堪忍　知親同苦樂
慧者當狎習。
居士子。因四事故慇念當知是善親。云何爲四。一者敎妙法。二者制惡法。三者面前稱說。四者卻怨家。於是世尊說此頌曰。
敎妙善制惡　面稱卻怨家　知善親慇念
慧者當狎習。
居士子。因四事故求利當知是善親。云何爲四。一者密事發露。二者密不覆藏。三者得利爲喜。四者不得利不憂。於是世尊說此頌曰。
密事露不藏　利喜無不憂　知善親求利
慧者當狎習。
居士子。因四事故饒益當知是善親。云何爲四。一者知財物盡。二者知財物盡已便給與物。三者見放逸敎訶。四者常以慇念。於是世尊說此頌曰。
知財盡與物　放逸敎慇念　知善親饒益
慧者當狎習。
居士子。聖法律中有六方。東方南方西方北方下方上方。居士子。如東方者如是子觀父母。子當以五事奉敬供養父母。云何爲五。一者增益財物。二者備辦眾事。三者所欲則奉。四者自恣不違。五者所有私物盡以奉上。子以此五事奉敬供養父母。父母亦以五事善念其子。云何爲五。一者愛念兒子。二者供給無乏。三者令子不負債。四者婚娶稱可。五者父母可意所有財物盡以付子。父母以此五事善念其子。居士子。如是東方二俱分別。居士子。聖法律中東方者。謂子父母也。居士子。若人慈孝父母者。必有增益則無衰耗。居士子。如南方者。如是弟子觀師。弟子當以五事恭敬供養於師。云何爲五。一者善恭順。二者善承事。三者速起。四者所作業善。五者能奉敬師。弟子以

此五事恭敬供養於師。師亦以五事善念弟子。云何爲五。一者教技術。二者速教。三者盡教所知。四者安處善方。五者付囑善知識。師以此五事善念弟子。居士子。如是南方二俱分別。居士子。聖法律中南方者謂弟子師也。居士子。若人慈順於師者。必有增益則無衰耗。居士子。如西方者。如是夫觀妻子。夫當以五事愛敬供給妻子。云何爲五。一者憐念妻子。二者不輕慢。三者爲作瓔珞嚴具。四者於家中得自在。五者念妻親親。夫以此五事愛敬供給妻子。妻子當以十三事善敬順夫。云何十三。一者重愛敬夫。二者重供

養夫。三者善念其夫。四者攝持作業。五者善攝眷屬。六者前以瞻侍。七者後以愛行。八者言以誠實。九者不禁制門。十者見來讚善。十一者敷設床待。十二者施設淨美豐饒飲食。十三者供養沙門梵志。妻子以此十三事善敬順夫。居士子。如是西方二俱分別。居士子。聖法律中西方者謂夫妻子也。居士子。若人慈愍妻子者必有增益則無衰耗。居士子。如北方者如是大家觀奴婢使人。大家當以五事愍念給恤奴婢使人。云何爲五。一者隨其力而作業。二者隨時食之。三者隨時飲之。四者及日休息。五者病給湯藥。大家

以此五事愍念給恤奴婢使人。奴婢使人當以九事善奉大家。云何爲九。一者隨時作業。二者專心作業。三者一切作業。四者前以瞻侍。五者後以愛行。六者言以誠實。七者急時不遠離。八者行他方時則便讚歎。九者稱大家庶幾。奴婢使人以此九事善奉大家。居士子。如是北方二俱分別。居士子。聖法律中北方者謂大家奴婢使人也。居士子。若有人慈愍奴婢使人者必有增益則無衰耗。居士子。如下方者如是親友觀親友臣。親友當以五事愛敬供給親友臣。云何爲五。一者愛敬。二者不輕慢。三者不欺誑。四者施與

珍寶。五者極念親友臣。親友以此五事愛敬供給親友臣。親友臣亦以五事善念親友。云何爲五。一者知財物盡。二者知財物盡已供給財物。三者見放逸教訶。四者愛念。五者急時可歸依。親友臣以此五事善念親友。居士子。如是下方二俱分別。居士子。聖法律中下方者謂親友親友臣也。居士子。若人慈愍親友臣者必有增益則無衰耗。居士子。如上方者如是施主觀沙門梵志。施主當以五事尊敬供養沙門梵志。云何爲五。一者不禁制門。二者見來讚善。三者敷設床待。四者施設淨美豐饒飲食。五者擁護如法。施主以此五事尊敬供養沙門梵志。沙門梵志亦以五事善念施主。云何爲五。一者教信行信念信。二者教禁戒。三者教博聞。四者教布施。五者教慧行慧立慧。沙門梵志以此五事善念施主。居士子。如是上方二俱分別。居士子。聖法律中上方者謂施主沙門梵志也。居士子。若人尊奉沙門梵志者必有增益則無衰耗。居士子。有四攝事。云何爲四。一者惠施。二者愛言。三者行利。四者等利。於是世尊說此頌曰。

惠施及愛言　常爲他行利　衆生等同利
名稱普遠至　此則攝持世　猶如御車人。

若無攝持者　母不因其子　得供養恭敬
父因子亦然。若有此法攝　故得大福祐。
照遠猶日光　速利翻捷疾　不麤說聰明
如是得名稱。定護無貢高　速利翻捷疾
成就信尸賴　如是得名稱。常起不懶惰
惠施人飲食　將去調御正　如是得名稱。
親友臣同恤　愛樂有齊限　謂攝在親中
殊妙如師子。初當學技術　於後求財物
後求財物已　分別作四分。一分作飲食
一分作田業　一分舉藏置　急時赴所須。

耕作商人給　一分出息利　第五為取婦
第六作屋宅。家若具六事　不增快得樂
彼必饒錢財　如海中水流。彼如是求財
猶如蜂採華　長夜求錢財　當自受快樂。
出財莫令遠　亦勿令普漫　不可以財與
兇暴及豪強。東方為父母　南方為師尊
西方為妻子　北方為奴婢。下方親友臣
上沙門梵志。願禮此諸方　二俱得大稱
禮此諸方已　施主得生天。

佛說如是善生居士子聞佛所說歡喜奉行。

善生經

十善業道經

唐于闐三藏法師實叉難陀譯

如是我聞。一時佛在娑竭羅龍宮與八千大比丘衆三萬二千菩薩摩訶薩俱。爾時世尊告龍王言。一切衆生心想異故造業亦異由是故有諸趣輪轉。龍王。汝見此會及大海中形色種類各別不耶如是一切靡不由心造善不善身業語業意業所致。而心無色不可見取但是虛妄諸法集起畢竟無主無我我所。雖各隨業所現不同而實於中無有作者故一切法皆不思議自性如幻。智者知已應修善業。以是所生

蘊處界等皆悉端正見者無厭。龍王汝觀佛身從百千億福德所生諸相莊嚴光明顯曜蔽諸大衆設無量億自在梵王悉不復現其有瞻仰如來身者莫不目眩。汝又觀此諸大菩薩妙色嚴淨。一切皆由修集善業福德而生。又諸天龍八部衆等大威勢者亦因善業福德所生。今大海中所有衆生形色麤鄙或大或小。皆由自心種種想念作身語意諸不善業是故隨業各自受報。汝今當應如是修學亦令衆生了達因果修習善業。汝當於此正見不動勿復墮在斷常見中。於諸福田歡喜敬養是故汝等亦得人天尊敬

佛告龍王菩薩有一法。能斷一切諸惡道苦。何等為一。謂於晝夜常念思惟觀察善法。令諸善法念念增長。不容毫分不善間雜。是即能令諸惡永斷。善法圓滿。常得親近諸佛菩薩及餘聖眾。言善法者。謂人天身。聲聞菩提。獨覺菩提。無上菩提。皆依此法以為根本而得成就。故名善法。此法即是十善業道。何等為十。謂能永離殺生偷盜邪行妄語兩舌惡口綺語貪欲瞋恚邪見。龍王。若離殺生。即得成就十離惱法。何等為十。一於諸眾生普施無畏。二常於眾生起大慈心。三永斷一切瞋恚習氣。四身常無病。五壽命長遠。六恆為非人之所守護。七常無惡夢寢覺快樂。八滅除怨結眾怨自解。九無惡道怖。十命終生天。是為十。若能迴向阿耨多羅三藐三菩提者。後成佛時得佛隨心自在壽命。復次龍王。若離偷盜。即得十種可保信法。何等為十。一者資財盈積。王賊水火及非愛子不能散滅。二多人愛念。三人不欺負。四十方讚美。五不憂損害。六善名流布。七處眾無畏。八財命色力安樂辯才具足無缺。九常懷施意。十命終生天。是為十。若能迴向阿耨多羅三藐三菩提者。後成佛時得證清淨大菩提智。復次龍王。若離邪行。即得四種智所讚法。何等為四。一諸根調順。二永離諠掉。三世所稱歎。四妻莫能侵。是為四。若能迴向阿耨多羅三藐三菩提者。後成佛時得佛丈夫隱密藏相。復次龍王。若離妄語。即得八種天所讚法。何等為八。一口常清淨優鉢華香。二為諸世間之所信伏。三發言成證人天敬愛。四常以愛語安慰衆生。五得勝意樂三業清淨。六言無誤失心常歡喜。七發言尊重人天奉行。八智慧殊勝無能制伏。是為八。若能迴向阿耨多羅三藐三菩提者。後成佛時即得如來真實語。復次龍王。若離兩舌。即得五種不可壞法。何等為五。一得不壞身無能害故。二得不壞眷屬無能破故。三得不壞信順本業故。四得不壞法行所修堅固故。五得不壞善知識不誑惑故。是為五。若能迴向阿耨多羅三藐三菩提者。後成佛時得正眷屬諸魔外道不能沮壞。復次龍王。若離惡口。即得成就八種淨業。何等為八。一言不乖度。二言皆利益。三言必契理。四言詞美妙。五言可承領。六言則信用。七言無可譏。八言盡愛樂。是為八。若能迴向阿耨多羅三藐三菩提者。後成佛時具足如來梵音聲相。復次龍王。若離綺語。即得成就三種決定。何等為三。一定為智人所愛。二定能以智如實答問。三定於人天威德最勝無有虛妄。是為三。若能迴向阿耨多羅三藐三菩提者。後成佛時。即得如來諸所授記。皆不唐捐。復次龍王。若離貪欲。即得成就五種自在。何等為五。一三業自在。諸根具足故。二財物自在。一切怨賊不能奪故。三福德自在。隨心所欲物皆備故。四王位自在。珍奇妙物皆奉獻故。五所獲之物過本所求百倍殊勝。由於昔時不慳嫉故。是為五。若能迴向阿耨多羅三藐三菩提者。後成佛時。三界特尊皆共敬養。復次龍王。若離瞋恚。即得八種喜悅心法。何等為八。一無損惱心。二無瞋恚心。

三無諍訟心。四柔和質直心。五得聖者慈心。六常作利益安眾生心。七身相端嚴眾共尊敬。八以和忍故速生梵世。是為八。若能迴向阿耨多羅三藐三菩提者。後成佛時。得無礙心。觀者無厭。復次龍王。若離邪見。即得成就十功德法。何等為十。一得真善意樂。真善等侶。二深信因果。寧殞身命。終不作惡。三惟歸依佛。非餘天等。四直心正見。永離一切吉凶疑網。五常生人天。不更惡道。六無量福慧轉轉增勝。七永離邪道。行於聖道。八不起身見。捨諸惡業。九住無礙見。十不墮諸難。是為十。若能迴向阿耨多羅三藐三菩提者後成佛時速證一切佛法成就自在神通爾時世尊復告龍王言若有菩薩依此善業於修道時能離殺害而行施故常富財寶無能侵奪長壽無夭不為一切怨賊損害離不與取而行施故常富財寶無能侵奪最勝無比悉能備集諸佛法藏離非梵行而行施故常富財寶無能侵奪其家貞順母及妻子無有能以欲心視者離虛誑語而行施故常富財寶無能侵奪離衆毀謗攝持正法如其誓願所作必果離離間語而行施故常富財寶無能侵奪眷屬和睦同一志樂恒無乖諍離麤惡語而行施故常富財寶無能

侵奪一切衆會歡喜歸依言皆信受無違拒者離無義語而行施故常富財寶無能侵奪言不虛設人皆敬受能善方便斷諸疑惑離貪求心而行施故常富財寶無能侵奪一切所有悉以惠捨信解堅固具大威力離忿怒心而行施故常富財寶無能侵奪速自成就無礙心智諸根嚴好見皆敬愛離邪倒心而行施故常富財寶無能侵奪恒生正見敬信之家見佛聞法供養衆僧常不忘失大菩提心是為大士修菩薩道時行十善業以施莊嚴所獲大利如是龍王舉要言之行十善道以戒莊嚴故能生一切佛法義利

滿足大願。忍辱莊嚴故得佛圓音具眾相好。精進莊嚴故能破魔怨入佛法藏。定莊嚴故能生念慧慚愧輕安。慧莊嚴故能斷一切分別妄見。慈莊嚴故於諸眾生不起惱害。悲莊嚴故愍諸眾生常不厭捨。喜莊嚴故見修善者心無嫌嫉。捨莊嚴故於順違境無愛恚心。四攝莊嚴故常勤攝化一切眾生。念處莊嚴故善能修習四念處觀。正勤莊嚴故悉能斷除一切不善法成一切善法。神足莊嚴故恒令身心輕安快樂。五根莊嚴故深信堅固精勤匪懈常無迷妄寂然調順斷諸煩惱。力莊嚴故眾怨盡滅無能壞者。覺支莊嚴故常善覺悟一切諸法。正道莊嚴故得正智慧常現在前。止莊嚴故悉能滌除一切結使。觀莊嚴故能如實知諸法自性。方便莊嚴故速得成滿為無為樂。龍王當知此十善業乃至能令十力無畏十八不共一切佛法皆得圓滿。是故汝等應勤修學。龍王。譬如一切城邑聚落皆依大地而得安住。一切藥草卉木叢林亦皆依地而得生長。此十善道亦復如是。一切人天依之而立。一切聲聞獨覺菩提諸菩薩行一切佛法咸共依此十善大地而得成就。佛說此經已娑竭羅龍王及諸大眾一切世間天人阿修羅等皆大歡喜信受奉行。

十善業道經

優婆塞戒經受戒品

北凉中印度三藏曇無讖譯

善生言。世尊。在家菩薩云何得受優婆塞戒。善男子。在家菩薩若欲受持優婆塞戒。先當次第供養六方。東方南方西方北方下方上方。言東方者即是父母。若有人能供養父母衣服飲食卧具湯藥房舍財寶。恭敬禮拜讚歎尊重。是人則能供養東方。父母還以五事報之。一者至心愛念。二者終不欺誑。三者捨財與之。四者爲娉上族。五者教以世事。言南方者即是師長。若有人能供養師長衣服飲食卧具湯藥尊重

讚歎恭敬禮拜。早起晚卧受行善教。是人則能供養南方。是師復以五事報之。一者速教不令失時。二者盡教不令不盡。三者勝己不生妒嫉。四者持付嚴師善友。五者臨終捨財與之。言西方者即是妻子。若有人能供給妻子衣服飲食卧具湯藥瓔珞服飾嚴身之具。是人則是供養西方。妻子復以十四事報之。一者所作盡心營之。二者常作終不懈慢。三者所作必令終竟。四者疾作不令失時。五者常爲瞻視賓客。六者淨其房舍卧具。七者愛敬言則柔軟。八者僮使軟言教詔。九者善能守護財物。十者晨起夜寐。十一者

能設淨食。十二者能忍教誨。十三者能覆惡事。十四者能瞻病苦。言北方者即善知識。若有人能供施善友。任力與之。恭敬軟言。禮拜讚歎。是人則能供養北方。是善知識復以四事而還報之。一者教修善法。二者令離惡法。三者有恐怖時能爲救解。四者放逸之時能令除捨。言下方者即是奴婢。若有人能供給奴婢衣服飲食病瘦醫藥。不罵不打。是人則能供給下方。奴婢復以十事報之。一者不作罪過。二者不待教作。三者作必令竟。四者疾作不令失時。五者主雖貧窮終不捨離。六者早起。七者守物。八者少恩多報。九

者至心敬念。十者善覆惡事。言上方者即是沙門婆羅門等。若有供養沙門婆羅門衣服飲食房舍臥具病痛醫藥。怖時能救。饉世施食。聞惡能遮。禮拜恭敬尊重讚歎。是人則能供養上方。是出家人以五種事報之。一者教令生信。二者教生智慧。三者教令行施。四者教令持戒。五者教令多聞。若有供養是六方者。是人則得增長財命。能得受持優婆塞戒。善男子。若人欲受優婆塞戒增長財命。先當諮啟所生父母。父母若聽。次報妻子奴婢僮僕。此輩若聽。次白國主。國主聽已。誰有出家發菩提心者。便往其所頭面作禮。

歎言問訊作如是言大德我是丈夫具男子身欲受菩薩優婆塞戒惟願大德憐愍故聽受是時比丘應作是言汝之父母妻子奴婢國主聽不若言聽者復應問言汝不曾負佛法僧物及他物耶若言不負復應問言汝今身中將無內外身心病耶若言無者復應問言汝不於比丘比丘尼所作非法耶若言不作復應問言汝將不作五逆罪耶若言不作復應問言汝將不作盜法人不若言不作復應問言汝非二根無根人壞八戒齋父母師病不棄去耶將不殺發菩提心人盜現前僧物兩舌惡口於母姊妹作非法耶

不於大衆作妄語乎若言無者復應語言善男子優婆塞戒極爲甚難何以故是戒能爲沙彌十戒大比丘戒及菩薩戒乃至阿耨多羅三藐三菩提而作根本至心受持優婆塞戒則能獲得如是等戒無量利益若有毀破如是戒者則於無量無邊世中處三惡道受大苦惱汝今欲得無量利益能至心受不若言能者復應語言優婆塞戒極爲甚難若歸佛已寧捨身命終不依於自在天等若歸法已寧捨身命終不依於外道典籍若歸僧已寧捨身命終不依於外道邪衆汝能如是至心歸依於三寶不若言能者復應

語言善男子優婆塞戒極爲甚難若人歸依於三寶
者是人則爲施諸衆生無怖畏已若人能施無怖畏
者是人則得優婆塞戒乃至阿耨多羅三藐三菩提。
汝能如是施諸衆生無怖畏不。若言能者復應語言
人有五事現在不能增長財命何等爲五。一者樂殺。
二者樂盜。三者邪婬。四者妄語。五者飮酒。一切衆生
因殺生故現在獲得惡色惡力惡名短命財物耗減
眷屬分離。賢聖呵責人不信用。他人作罪橫羅其殃。
是名現在惡業之果。捨此身已當墮地獄多受苦惱
饑渴長命。惡色惡力惡名等事是名後世惡業之果。

若得人身復受惡色短命貧窮。是一惡人因緣力故
令外一切五穀果蓏悉皆減少。是人殃流及一天下。
若人樂偸是人亦得惡色惡力惡名短命財物耗減
眷屬分離他人失物於己生疑。雖親附人人不見信。
常爲賢聖之所呵責。是名現在惡業之果。捨此身已
墮於地獄受得惡色惡力惡名。饑渴苦惱壽命長遠。
是名後世惡業之果。若得人身貧於財物雖得隨失。
不爲父母兄弟妻子之所愛念。身常受苦心懷愁惱。
是一惡人因緣力故一切人民凡所食噉不得色力。
是人惡果殃流萬姓。善男子若復有人樂於妄語是

人現得惡口惡色所言雖實人不信受衆皆憎惡不喜見之是名現世惡業之報捨此身已入於地獄受大苦楚飢渴熱惱是名後世惡業之報若得人身口不具足所說雖實人不信受見者不樂雖說正法人不樂聞是一惡人因緣力故外物一切資產減少善男子若復有人樂飲酒者是人現世喜失財物身心多病常樂鬭諍惡名遠聞喪失智慧心無慚愧得惡色力常爲一切之所呵責人不樂見不能修善是名飲酒現在惡報捨此身已處在地獄受飢渴等無量苦惱是名後世惡業之果若得人身心常狂亂不能

繫念思惟善法是一惡人因緣力故一切外物資產臭爛善男子若復有人樂爲邪婬是人不能護自他身一切衆生見皆生疑所作之事妄語在先於一切時常受苦惱心常散亂不能修善喜失財物所有妻子心不戀慕壽命短促是名邪婬現在惡果捨此身已處在地獄受惡色力飢渴長命無量苦惱是名後世惡業果報若得人身惡色惡口人不喜見不能守護妻妾男女是一惡人因緣力故一切外物不得自在善男子是五惡法汝今眞實能遠離不若言能者復應語言善男子受優婆塞戒有四事法所不應作。

何等爲四爲貪因緣不應虛妄爲瞋恚癡恐怖因緣不應虛妄是四惡法汝能離不。若言能者復應語言。善男子受優婆塞戒有五處所所不應遊屠兒婬女酒肆國王旃陀羅舍。如是五處汝能離不。若言能者復應語言。善男子受優婆塞戒復有五事所不應作。一者不賣生命。二者不賣刀劍。三者不賣毒藥。四者不得沽酒。五者不得壓油。如是五事汝能離不。若言能者復應語言。善男子受優婆塞戒復有三事所不應爲。一者不作羅網。二者不作藍染。三者不作釀皮。如是三事汝能離不。若言能者復應語言。善男子受

優婆塞戒復有二事所不應爲。一者摴蒱圍碁六博。二者種種歌舞伎樂。如是二事汝能離不。若言能者復應語言。善男子受優婆塞戒有四種人不應親近。一者碁博。二者飲酒。三者欺誑。四者酤酒。如是四人汝能離不。若言能者復應語言。善男子受優婆塞戒有法放逸所不應作。何等放逸寒時熱時飢時渴時多食飽時清旦暮時作時初欲作時失時得時怖時喜時賊難穀貴時。病苦壯少年衰老時富時貧時爲命求財時。如是時中不修善法汝能離不。若言能者復應語言。善男子受優婆塞戒先學世事。既學

通達如法求財若得財物應作四分一分應供養父母己身妻子眷屬二分應作如法販轉留餘一分藏積俟用如是四事汝能作不若言能者復應語言善男子財物不應寄付四處一者老人二者遠處三者惡人四者大力如是四處不應寄付汝能離不若言能者復應語言善男子受優婆塞戒有四惡人常應離之一者樂說他過二者樂說邪見三者口軟心惡四者少作多說是四惡人汝能離不若言能者應令是人滿六月日親近承事出家智者智者復應至心觀其身四威儀若知是人能如教作過六月已和合

衆僧滿二十人作白羯磨大德僧聽是某甲今於僧中乞受優婆塞戒已滿六月中淨四威儀至心受持淨莊嚴地是人丈夫具男子身若僧聽者僧皆默然不聽者說僧若聽者智者復應作如是言善男子諦聽諦聽僧已和合聽汝受持優婆塞戒是戒即是一切善法之根本也若有成就如是戒者當得須陀洹果乃至阿那含果若破是戒命終當墮三惡道中善男子優婆塞戒不可思議何以故受是戒已雖受五欲而不能障須陀洹果至阿那含果是故名爲不可思議汝能憐愍諸衆生故受是戒不若言能受爾時

智者次應爲說三歸依法第二第三亦如是說受三歸已名優婆塞。爾時智者復應語言善男子諦聽諦聽。如來正覺說優婆塞戒或有一分或有半分或有無分或有多分或有滿分。若優婆塞受三歸已不受五戒名優婆塞。若受三歸受持一戒是名一分受三歸已受持二戒是名少分。若受三歸持二戒已若破一戒是名無分。若受三歸受持三四戒是名多分。若受三歸受持五戒是名滿分。汝今欲作一分優婆塞作滿分耶。若隨意說爾時智者當隨意授。旣授戒已復作是言優婆塞者有六重法。善男子優婆塞受持

戒已雖爲天女乃至蟻子悉不應殺。若受戒已若口敎殺若身自殺是人卽失優婆塞戒是人尚不能得煖法況須陀洹至阿那含是名破戒優婆塞臭優婆塞旃陀羅優婆塞垢優婆塞結優婆塞是名初重。優婆塞戒雖爲身命不得偷盜乃至一錢。若破是戒是人卽失優婆塞戒是人尚不能得煖法況須陀洹至阿那含是名破戒優婆塞臭旃陀羅垢結優婆塞是名二重。優婆塞戒雖爲身命不得虛說我得不淨觀至阿那含。若破是戒是人卽失優婆塞戒是人尚不能得煖法況須陀洹至阿那含是名破戒優婆塞臭

旃陀羅垢結優婆塞是名三重。優婆塞戒雖為身命不得邪婬。若破是戒是人即失優婆塞戒。是人尚不能得煖法況須陀洹至阿那含是名破戒優婆塞臭旃陀羅垢結優婆塞是名四重。優婆塞戒雖為身命不得宣說比丘比丘尼優婆塞優婆夷所有過罪。若破是戒是人即失優婆塞戒。是人尚不能得煖法況須陀洹至阿那含是名破戒優婆塞臭旃陀羅垢結優婆塞是名五重。優婆塞戒雖為身命不得酤酒。若破是戒是人即失優婆塞戒。是人尚不能得煖法況須陀洹至阿那含是名破戒優婆塞臭旃陀羅垢結

優婆塞是名六重。善男子若受如是優婆塞戒能至心持不令毀犯則能獲得如是戒果。善男子優婆塞戒名為瓔珞名為莊嚴其香微妙熏無邊界。遮不善法為善法律即是無上妙寶之藏上族種姓大寂靜處是甘露味生善法地直發是心尚得如是無量利益況復一心受持不毀。善男子如佛說言若優婆塞受持戒已不能供養父母師長是優婆塞得失意罪不起墮落不淨有作。若優婆塞受持戒已耽樂飲酒。是優婆塞得失意罪不起墮落不淨有作。若優婆塞受持戒已汙惡不能瞻視病苦是優婆塞得失意罪

不起墮落不淨有作。若優婆塞受持戒已見有乞者不能多少隨宜分與空遣還者是優婆塞得失意罪不起墮落不淨有作。若優婆塞受持戒已若見比丘比丘尼長老先宿諸優婆塞優婆夷等不起承迎禮拜問訊是優婆塞得失意罪不起墮落不淨有作。若優婆塞受持戒已若見比丘比丘尼優婆塞優婆夷毀所受戒心生憍慢。言我勝彼彼不如我是優婆塞得失意罪不起墮落不淨有作。若優婆塞受持戒已一月之中不能六日受持八戒供養三寶是優婆塞得失意罪不起墮落不淨有作。若優婆塞受持戒已

四十里中有講法處不能往聽是優婆塞得失意罪不起墮落不淨有作。若優婆塞受持戒已受招提僧臥具牀座是優婆塞得失意罪不起墮落不淨有作。若優婆塞受持戒已疑水有蟲故便飲之是優婆塞得失意罪不起墮落不淨有作。若優婆塞受持戒已嶮難之處無伴獨行是優婆塞得失意罪不起墮落不淨有作。若優婆塞受持戒已獨宿尼寺是優婆塞得失意罪不起墮落不淨有作。若優婆塞受持戒已爲於財命打罵奴婢僮僕外人是優婆塞得失意罪不起墮落不淨有作。若優婆塞受持戒已若以殘食

歎輒自作者。是優婆塞得失意罪不起墮落不淨有作。若優婆塞受持戒已道路若在諸比丘前沙彌前行。是優婆塞得失意罪不起墮落不淨有作。若優婆塞受持戒已僧中賦食若偏爲師選擇美好過分與之。是優婆塞得失意罪不起墮落不淨有作。若優婆塞受持戒已若養蠶者。是優婆塞得失意罪不起墮落不淨有作。若優婆塞受持戒已行路之時遇見病者不往瞻視爲作方便付囑所在而捨去者。是優婆塞得失意罪不起墮落不淨有作。善男子若優婆塞至心能受持如是戒。是人名爲優婆塞中分陀利華優婆塞中微妙上香優婆塞中清淨蓮華優婆塞中眞實珍寶優婆塞中丈夫之人。善男子如佛所說菩薩二種一者在家二者出家。出家菩薩名爲比丘在家菩薩名優婆塞。出家菩薩持出家戒是不爲難。在家菩薩持在家戒是乃爲難。何以故在家之人多惡因緣所纏繞故。

優婆塞戒經受戒品

佛說鹿母經

西晉三藏法師竺法護譯

佛言。昔者有鹿數百爲羣隨逐水草侵近人邑國王出獵遂各分迸。有一母鹿懷妊獨逝被逐飢疲失侶悵怏時生二子捨行求食煢悸失錯誤墮獵者弶中。悲鳴欲出不能得脫獵師聞聲便往視之見鹿心喜適前欲殺。鹿乃叩頭求哀自陳向生二子尚小無知。始自蒙蒙未曉東西。乞假須臾暫還視子將示水草使得生活并與二子盡哀死別長短命矣願垂恕恩愍及有識若蒙哀遣得見子者誠非鹿獸所能報謝。

天祐有德福注罔極見遣之期不違信誓旋則就死獸意無恨。是時獵者聞鹿所言且驚且怪衣毛爲竪。其奇能言識出人情即問鹿曰。汝爲鬼魅山靈樹神。得無變惑假借其形以實告我令明其故。鹿即答曰。吾以先世貪殘之罪稟受鹿身至心念子故發口能言非爲鬼魅惟見識憐生放死還甘心所全。獵者聞之信加其言心懷貪欲意不肯聽。即告鹿曰。世人一切尚無志誠況汝鹿畜憐子惜身尚全求生從死得去豈有還期。王命急切恐必知之罪吾失鹿更受重責雖心不忍事不獲已。終不相放。鹿時惶怖苦言報曰鹿雖賤畜甘死不恨求期則返豈敢違命人受罪疊唯乞假詐爲福所種去則子存留則子亡聽往時還神信我言夫死何足惜而違心信顧念二子是以懇懇生不識母各當沒命分死全子滅三痛劇鹿母低頭鳴噭口說偈言

我身爲鹿獸　遊食於林藪　賤生貪軀命
不能故送死　今來入君弶　自分受刀机
不惜腥臊身　但憐二子耳　唯我前世時
暴虐不至誠　不信生死苦　罪福之分明
行惡自招罪　今受畜獸形　若蒙須臾命
終不違信盟

於是獵者聞鹿言訴之聲甚歎其奇貪利成事不欲放遣即告於鹿責數之曰夫巧僞無實姦詐難信虛華萬端狡猾非一侵暴生種犯人稼穡以罪投身入於吾弶今當殺送供王厨食不須妄語欺吾求脫重身畏死誰能効命人之無良猶難爲期而況畜獸全命免死豈有還期但當就死終不相放鹿時憶子恐懼前跪兩膝低頭涕淚悲訴鳴吟重說偈言

雖身爲鹿畜　不識仁義方　奈何受慈恩
得去不復還　寧受分裂痛　無爲虛僞存

哀傷二子窮　乞假須臾間。宿世罪自然
故受畜生體　爲人所不信　殃禍自應爾
猶是招當來　欲脫畜生形　披肝露誠信
願聽重誓言。若世有惡人　鬭亂比丘僧
破塔壞佛寺　及殺持戒人。反逆害父母
兄弟與妻子　設我不來還　罪大過於是。
普世之極罪　劫盡殃不已　宛轉更燒煮
之彼復到此。可思之深重　受痛無終始
設我不來還　罪大過於是。

爾時獵者重聞鹿言心益竦然。乃卻歎曰唯覩世間

一切人民禀受宿福得生爲人。愚惑癡冥背恩薄義。不忠不孝不信不仁。貪殘無道欺僞苟全不知非常識別三尊鹿但畜生懇懇辭言信誓叩叩有殊於人。情露丹誠似如分明。識覩其驗以察其心便前解弶放遣假之。於是鹿母出弶得去且顧且馳到其子所低頭顛子舐其身體。一喜一悲。躑躅徘徊歎息啼吟並說偈言。

一切恩愛會　皆由因緣合　合會有別離
無常難得久。今我爲爾母　恆恐不自保
生世多畏懼　命如露著草。

於是鹿母說此偈已便將二子入於林藪爲別食稼示好水草誡勑叮寧教生活道念別子孤淚下如雨悲鳴摧傷說偈別言。

前世行欺詐　負債著恩愛　殘暴衆生命
自盜教彼殺　身作如影隨　今日當受之
畢故不造新　當還赴彼期　違佛不信法
背戾師父誡　自用貪無厭　放情恣癡意
罪報爲畜生　當爲人作飼　自分不敢怨
畢命不復欺　貪求取非道　殺盜於前世
每生爲畜獸　宿命所追逮　結縛當就死

恐怖無生氣　用識三尊言　見遺盡恩愛
吾朝行不遇　誤墮獵者弶　即當就屠割
破碎受宿殃　念汝求哀來　今當還就死
憐汝小雙孤　努力自活己　行當依羣類
止當依衆裏　食當隨侶進　臥當驚覺起
愼勿子獨遊　食走於道邊　言竟便長別
就死不復還

是時鹿母說此偈已與子死別遲迴再三低頭俛仰唱聲感哀委背而去二子鳴啼悲泣戀慕從後追尋頓弊復起悲喚叫叫說訴偈言

貪欲慕恩愛　生爲母作子　始來受身形
受命賤畜體。如何見孤背　斷命沒終此
慕母情痛絕　乞得并就死。自念我生來
未識東與西　念母憐我等　當報乳養恩。
何忍長生別　永世不復存　念母爲我苦
不聊獨生全。無福受畜形　薄祐禍害至
始生於迷惑　當早見孤棄。凡生皆有死
早晚當就之　今日之困窮　當與母同時。

於是鹿子說此偈已。其母悲感低頭號泣哀悼怨歎迴頭還顧。抗聲悲鳴告其子言。爾還勿來吾自畢故

以壽當之無得母子夭橫併命吾死甘心傷爾未識。世間無常皆當別離吾自薄命爾生無祐何爲悲哀徒益憂患但當速行畢債於今。鹿母復鳴爲子說偈言。

吾前生貪愛　今受弊畜身　世生皆有死
無脫不終患。制意一離貪　然後乃大安
寧就至誠死　終不欺殆生。

於是鹿子聞母偈音。益更悲戀鳴涕相尋至於弶所東西求索乃見獵者臥於樹下。鹿母逕就其邊低頭大聲以覺獵者而說偈言。

投分全中實　畢壽於畜生　見放不敢稽
還就刀几刑。向所可放鹿　今來還就死
恩慈於賤畜　得見辭二子。將行示水草
為說非常苦　萬没無餘恨　念恩不敢負。

爾時獵者聞鹿鳴聲說誠信之言驚覺即起心動竦然慈心發中口未得宣。鹿便低頭前跪兩膝重向獵者喜自陳說。以偈謝言。

仁前見放遣　德厚過天地　賤畜被慈育
悲意不自勝。一切悉無常　忻然副信死
滅對畢因緣　怨盡從斯已。仁惠恩難忘

感受豈敢違　雖謝千萬辭　不足報慈恩。
唯夫誠精誠　受福歸自然　今日甘心死
以子屬仁君。

於是獵者感誠即寤。又重聞鹿說偈皆微妙之聲。加其篤信捨生就死以副盟誓。子母悲啼相尋而至。斯鹿之身必非凡庸。吾覩世士未能比倫。雖復獸體心若神靈。吾之無良殘暴來久。鹿乃立義言信不負。可為明教稽首稟受。豈復當敢生犯害心。即時獵者加肅謙敬。辭謝遣鹿而說偈言。

神鹿信若天　言誓志願大　今我心竦懼

豈敢加逆害。寧自殺鄙身　妻子寸寸分
何忍向天種　有想害靈神。
獵者説此偈已。卽以慈心遣鹿。重復辭謝。悔心自責。鹿見遣去出。就其子。子望見母得生出。還强馳走趣跳踉悲鳴。子母相得。俱歡俱喜。一俛一仰。鳴聲呦呦。悲感受活。生蒙大恩。卽仰頭謝獵者而説偈言。

賤畜生處世　當應充廚宰　卽時分烹俎
實假辭二子。　天人重愛物　復蒙放赦原
德祐積無量　非口所能陳。

爾時鹿母説此偈謝已。將率二子還于深林。鳴羣嘯侶。以遊以集。安身草澤。以寧峻山。獵者於後深自惟言。鹿但畜生。信義祐身。既免卽濟。見者加稱。我之爲暴。何廣於心。卽時啟寤。散意歸仁。放弩壞弶。無復殺心。詣于廟寺。請稟沙門。稽首顙面。自歸自陳。奉順慈義。畢志正眞。便往白王。具説鹿言。王聞其説。心喜驚歎。鹿獸有義。我更貪殘。又此鹿慧。深達言教。知仰三尊。我國弊冥。事彼妖言。誠可捨棄。以保永全。普國人民。無不聞知。畜獸行義。現獲信證。大道之化。無隱不彰。於是國王卽請會羣臣。宣令國民。吾之爲闇。不別眞僞。敬受邪師。言畏僞神。妖祭無道。殘暴衆生。不如鹿畜明識三尊自今已後普國率民廢彼邪宗皆歸正眞詣于佛寺請受聖衆冀以後世長獲其福臣下羣僚國民大小皆信三尊奉五戒十善爲期三年國豐太平民皆壽樂鹿之祐矣佛語賢者阿難唯吾昔權累劫行恩慈救衆生其信如是爾時鹿母者我身是也二子者經云及朱離母則是國王者舍利弗是獵者阿難是界上民走白王者調達是佛時說已於鹿腨腸放大光明遍照東西南北四隅十方各千佛刹吾其光明所之各有化導師子座及寶蓮華或爲法師比丘現肉體者或爲帝王及長者子者或凡人

黎庶現卑賤者或人羣生爲畜獸者各各以光明導御說法爾時所說鹿母信誓功德以爲法訓法音入心莫不信受其者皆歸無上正眞之道佛即迴光等接遍照閻浮提內悉令普徹其蒙光者逮安隱想爾時衆中有八百比丘意志四道以證道迹聞說鹿母於畜生之中發起大意以信成道感悟變化即時反悔前白佛言願立信誓爲菩薩道唯佛加哀助利我等當以建行荷負衆生救濟一切至死不離即時逮得僧那僧涅弘誓之鎧爾時阿難整服長跪白世尊言此諸比丘罔識大乘不受正諦如今開悟逮得法

證。離淵越塹何其疾也誠非小道所能信明。大會有疑。唯願世尊說其緣由以釋將來。佛言善哉阿難汝問快也。斯承先識非今所造。是諸比丘迺昔鹿遊國民。信受王命奉順三寶。加鹿即感皆願無上正眞意。中閒癡闇不復習行。雖以遇我得作沙門。忽棄本願迷於大乘。今聞我說前世本末閉結疑解得無想安隱是其宿命識神使然。佛說是時。八百比丘皆得阿惟越致力士聚中有八千人見證心解除放逸行皆發無上正眞之道逮得入信聲尋獲安隱無想之定。天龍世人七億二千皆發無上正眞道意。佛語阿難。

我作畜生之時以不忘菩薩弘濟之心。應行導利逮于今者。但爲衆生勤苦無極假使一人亡本沒流未拯拔者終不捨放。諸欲求安逮是功德疾成佛者皆當盡心中誠歸信三尊世世不廢如我今日現般泥洹誠信所致也。阿難。汝當受持廣宣此經無令滅絕。阿難即前稽首作禮受持諷誦。

佛說鹿母經

銀色女經

元魏天竺三藏佛陀扇多譯

如是我聞。一時婆伽婆住舍衛國祇陀樹林給孤獨園與大比丘衆千二百五十人俱。爾時世尊告諸比丘言。諸比丘。若有衆生能知布施所有功德及施果報如我所知於食食時若初食摶若後食摶若不捨施不應自食。爾時世尊而說偈言。

若有諸衆生　如佛之所說　減食分而施
成就大果報　或以初食摶　或以後食摶
若不用布施　則不應自食。

爾時世尊說是偈已。告諸比丘言。諸比丘。乃往過去過無量劫時有王都。王號蓮華。彼城有女名曰銀色。端正殊妙容相具足成就最上勝妙色身。彼銀色女有所須故從自家出往至他舍。入他舍已見彼家內新產婦女生一童子。端正殊妙身色成就。時產婦女以手擎子而欲食之。時銀色女即問之曰。妹何所作。彼即答言。我今甚飢無有氣力。不知何食。故欲噉子。時銀色女即語之言。妹今且止。此事不可。妹此舍中豈更無食人所食者。即答言。姊我久積集慳貪妒恪。是故於今無物可食。銀色女言。妹今且止。待我向家與妹取食彼復言姊我今二脇皆欲破壞背復欲裂。心戰不安諸方皆暗姊適出舍我命即斷時銀色女作如是念若將子去彼婦命終若不將去必食此子。以何方便救此二命即語之言妹此室中有利刀不。我今須之彼答言有即便取刀授與銀色銀色取刀自割二乳與彼令食而語之言食我此乳即令妹身離飢渴苦彼取食已復問之言妹爲飽不彼答言飽。銀色女言妹今當知此子乃是我自身肉之所贖得。今且寄妹我須向家取諸飲食作是語已流血遍身曳地而去往至家中銀色眷屬諸親見已皆共問言

是誰所作銀色答言是我自作彼復問言何以故爾。銀色答言我已起心不捨大悲爲求成就阿耨多羅三藐三菩提故諸親皆言難行布施而心悔者乃可是檀非波羅蜜作是語已復問之言當割捨時爲歡喜不勿以苦痛至生悔惱時銀色女即發誓言我割二乳不生悔心心無異想以是誓願令我二乳還復如本作是誓已即時二乳還復如本爾時蓮華城中諸夜叉等發大聲言銀色女今自捨二乳爾時地天聞已復唱虛空中天聞已傳唱如是傳聲乃至梵天。時帝釋王作如是念是事希有此銀色女愍衆生故

自捨二乳我今當往至彼試之作是念已即自變身
作婆羅門於左手中執金澡罐及捉金鉢於右手中
捉一金杖而便往詣蓮華王都到已漸漸至銀色女
所居舍宅在門外立唱言乞食時銀色女既聞門外
乞食聲已即便隨時以器盛食出在門外時婆羅門
而語之言妹今且停我不須食女言何故婆羅門言
我是帝釋我於汝所甚生疑心故來到此如我所問
必當答我女語之言大婆羅門今者但問隨意所問
我當答之必令稱汝婆羅門心時婆羅門即問言妹
實割二乳施他以不答言實爾大婆羅門婆羅門言

何以故爾銀色女言大悲之心為取阿耨多羅三藐
三菩提故婆羅門言此事甚難甚難事者所謂阿耨
多羅三藐三菩提若布施已而生悔心彼乃是檀非
波羅蜜汝當施時歡喜以不當割時苦生異念不銀
色即答言憍尸迦我今立誓我以求於一切智心為
求一切世間勝心求救一切眾生之心割此二乳實
不生悔若不悔者令我女身變成男子時銀色女作
是誓已即成男子彼見女身成男子已心生歡喜踊
躍無量至於餘處樹下睡眠時蓮華王忽然崩亡其
王無子時甚大熱當於是時諸大臣等從樹至樹從

村至村從城至城從都至都處處求覓有相之人應爲王者。諸臣皆言。我等今者云何而得如法治王。當爾之時有一大臣以熱困故入華池中。時彼大臣見樹下人色貌殊勝具足衆相睡卧不覺。日雖移去然其樹影不捨彼人。時彼大臣彈指令覺。彼既覺已將至王舍。即與剃髮令被王服首著寶冠而語之言。當治王事。彼即答言我實不能治於王事。復語之言。今者必須治於王事。彼復答言我若爲王如法治國。汝等諸人若當悉受十善業道我則爲王。彼皆答言。臣等順行。即時皆受十善業道。彼人如是十善業道勸

衆生已。即治王事名銀色王。爾時國內諸人民等壽命七萬那由他歲彼王於是無量百歲無量千歲治王事已爾乃命終。臨命終時作如是言。

一切皆無常　必有敗壞事　合會必有離
有命皆必死。　隨所作事業　若善若不善
一切有生者　命皆不久住。

彼王命終還生彼處蓮華王都。於長者妻而便託生。可八九月便生童子。端正殊妙具足衆色。然彼童子過八歲後。五百童子而圍繞之將詣學堂。彼學堂處先有五百童子學書時彼童子問館者言汝等於此

爲何所作。舊者答言。我等學書。又言學書得何義利。汝等何須學此書爲。汝等但應發阿耨多羅三藐三菩提心。舊童子言發阿耨多羅三藐三菩提心爲何所作。童子答言。必須修行六波羅蜜。何等爲六。所謂檀波羅蜜。尸波羅蜜。羼提波羅蜜。毗梨耶波羅蜜。禪波羅蜜。般若波羅蜜。彼既聞已。即言我發阿耨多羅三藐三菩提心。時彼童子既令諸人發阿耨多羅三藐三菩提心已。作如是念。我今欲以微少物施。我今當爲二足四足禽獸鹿等而行布施。作是念已而便往至尸陀林中。即以利刀刺身出血。塗身令遍。復以

油塗。臥彼林中而自唱言。諸有近遠二足四足鹿等禽獸須食之者。願來至此食我身肉。于時彼處飛鳥衆中有一鳥來。名曰有手。坐其額上。挑其右眼。挑已還放。彼問鳥言。汝今何故挑我右眼而復放耶。彼鳥答言。我於人身餘分肉中一切無有美於眼者。彼語鳥言。假使千徧挑我右眼而復放之。而我不生嫌恨之心。彼鳥於是噉其二眼。無量鳥衆集彼林中。彼鳥悉共食其肉盡。唯白骨在。彼捨身已。即復還生蓮華王都。託生彼處婆羅門婦。足滿十月生一童子。端正殊妙最上無比。身色具足。年二十後。于時父母而語

之言摩那婆當須造舍時彼童子報父母言爲我造舍爲有何義我心今者不在於舍惟願放我入於深山父母即聽彼出自舍往詣山林既往到已見山林中於前先有二婆羅門舊住仙人在彼林中時摩那婆至婆羅門二仙人所問婆羅門二仙人言梵仙在此山林之中爲何所作二仙報言摩那婆我等皆爲利益眾生故在此林行於苦行作種種事彼復語言我於今者亦爲利益一切眾生故來至此欲作苦行彼摩那婆即至餘處樹林之中量地作屋彼摩那婆以修善業福德力故忽得天眼即時遙見於其住處

相去不遠有一母虎住在彼處而彼母虎懷妊將産時摩那婆見已念言而此母虎將産不久此虎産已或容饑死或時飢餓極受困苦或食自子念已即問彼婆羅門二仙人言誰能割身與此虎者彼即答言我等不能自割身施作是語已復過七日母虎便産虎既産已口銜諸子復置於地而復還取時摩那婆見是事已即便往到二仙人所語言大仙母虎已産若爲利益諸眾生故行苦行者今正是時可割身肉與此母虎時彼仙人二婆羅門即便往至母虎左已作是思惟誰能忍受如是苦事而行大施誰能自割

所愛身肉與此餓虎作是念已彼產母虎即遠逐之彼二仙人惜身命故飛空而去時摩那婆即便遥語彼婆羅門二仙人言此是汝等誓願事耶作是語已即發誓言我今捨身以濟餓虎願令我身以此因緣必得阿耨多羅三藐三菩提作是願已於彼地處得一利刀自壞其身以施餓虎諸比丘我慇汝等生於疑心諸比丘勿生異疑莫作餘觀何以故汝等當知爾時於彼蓮華王都銀色女人割二乳者豈異人乎今我身是諸比丘勿生異疑莫作餘觀何以故汝等當知我是爾時蓮華王都銀色女也諸比丘勿生異疑莫作餘觀何以故汝等當知我是爾時名銀色女

捨於二乳濟彼子者諸比丘勿生異疑莫作餘觀何以故汝等當知羅睺羅者豈異人乎即是爾時彼童子也諸比丘勿生異疑莫作餘觀何以故汝等當知爾時於彼蓮華王都尸陀林中爲諸鳥眾割捨身者豈異人乎我身是也諸比丘勿生異疑莫作餘觀何以故汝等當知爾時二仙婆羅門者豈異人乎即是汝等諸比丘也諸比丘勿生異疑莫作餘觀何以故汝等當知我是爾時婆羅門子摩那婆也諸比丘是故我今爲比丘說若諸比丘知施功德及施果報應

施初摶若施後摶如是而食。佛說此時。彼諸比丘皆大歡喜。

銀色女經

玉耶女經

失譯人名今附西晉錄

聞如是。一時佛在舍衛國祇樹給孤獨園。為諸四輩弟子說經。是時國中給孤獨家為子娶婦得長者女名曰玉耶。端正殊特。不以婦禮輕慢公姑及以夫婿。給孤獨長者夫婦議言。是婦不順。當云何教。若加杖捶非善法也。設不教訶其罪日增。長者議曰。惟佛能化明旦嚴服往詣佛所。稽首禮足前白佛言。我為子娶婦得長者女。甚大憍慢不以婦禮。惟願世尊哀愍我等。并諸弟子明日勸請到舍說經。令心開解。佛即

受請。長者歡喜。禮佛而歸。長者到舍。廣設調度。嚴飾牀座。明旦佛來到長者舍。長者欣慶請如來入舍。眾坐已定。皆各禮佛。卻住一面。佛飯食訖。并為說經。惟有玉耶憍慢不出。佛念愍之。放大神力變長者家。皆化作水精色。內外相照無有障礙。玉耶見佛三十二相八十種好。衣毛為豎。戰慄惶怖。即出禮佛。卻住一面合掌。低頭默無所說。佛語玉耶。女人不以面貌端正不順夫婿。非為端正。心端行正。是為端正。女人身中有十惡事。不自覺知。何等十惡。一者託生父母甚難養育。二者懷妊憂愁。三者初生父母不喜。四者養

育無味五者父母隨逐不離時宜六者處處畏人七者常憂嫁之八者生巳父母離別九者常畏夫壻十者不得自在是名十惡也玉耶惶怖白佛言世尊願佛教我婦人之禮其事云何佛語玉耶婦事夫壻公姑大長有五善三惡何等五善一者後臥早起美食先進二者撾罵不得懷恚三者一心向夫不得邪婬四者願夫長壽以身奉使五者夫壻遠行整理家中無有二心是爲五善何等三惡一者輕慢夫壻不順大長美食自噉未瞑早臥日出不起夫壻教訶瞋目怒應二者見夫不歡心常敗壞念他男子好三者願

夫早死更嫁是爲三惡玉耶默然無言可答佛語玉耶世間下有七輩婦爲汝說之一心善聽一者母婦二者妹婦三者知識婦四者婦婦五者婢婦六者怨家婦七者奪命婦汝今解不玉耶答言不及此義佛言善聽吾今解之何等母婦愛念夫主如母愛子晝夜長養不失時宜心常憐念無有厭患念夫如子是爲母婦何等妹婦承事夫壻盡其敬誠如兄如弟同氣分形骨血至親無有二情尊之重之如妹事兄是爲妹婦何等知識婦奉事夫壻敬順懇至依依戀戀不能相遠私密之事常相告示行無違失善事相教

使益明慧相親相愛欲令度世如善知識是為知識婦。何等婦婦供養大人竭情盡行無有二淨修婦禮終不廢關進不犯義退不失禮常和為貴是名婦婦。何等婢婦。心常畏忌不敢自慢忠孝盡節口不麤言身不放逸以禮自防如民奉王夫壻敬幸不得憍慢若得杖捶敬承奉受及見罵辱默然無辭甘身苦樂無有二心慕修婦道不擇衣食事夫如事大家是名婢婦。何等怨家婦見夫不歡恒懷瞋恚晝夜求願欲得遠離雖為夫婦心常如寄亂頭勤臥無有畏避不作生活養育兒子身行婬蕩不知羞恥陷入罪法

毀辱親里夫壻相憎呪欲令死是名怨家婦。何等奪命婦晝夜不眠毒心伺之作何方便得遠離之欲與毒藥恐人覺之心外情通雇人害之復遣傍夫伺而賊之夫死更嫁適我願之是名奪命婦。佛語玉耶其有善婦者當有顯名宗親九族幷蒙其榮天龍鬼神擁護其形使不枉橫財寶日生萬分之後願願不違還生世間常為富貴侯王子孫端正姝好人所奉尊上生天上宮殿浴池在所自然天人樂之天上壽盡其惡婦者當得惡名令現在身不得安寧數為鬼神在於家庭起病發禍求及神明會當歸死不得長生。

惡夢恐怖所願不成多逢災橫水火日驚萬分之後魂神受形死入地獄餓鬼畜生其身雖短咽如針釘身臥鐵牀數千萬劫受罪畢訖還生惡家貧窮裸露無絲無麻孜孜急急共相鞭撾從生至死無有榮華作善得善作惡自遮善惡如此非是虛也佛語玉耶此是七輩婦汝用何行玉耶流淚前白佛言我本愚癡不順夫尊自今已後當如婢婦盡我命壽不敢憍慢即前長跪求受十戒三自歸命歸佛歸法歸比丘僧一不殺生二不偷盜三不婬泆四不妄語五不飲酒六不惡口七不綺語八不嫉妬九不瞋恚十者信

善得善是名十戒此優婆夷所行佛說經竟及諸弟子皆各欲還給孤獨長者眷屬歡喜禮佛而退玉耶長跪重白佛言我本愚癡憍慢夫壻今蒙世尊化導我等今心開解佛語玉耶自今已後擁護汝家玉耶言諾受佛言敎不敢有違稽首禮足受退還歸

玉耶女經